# 초등

# ERI 독해가 문해력이다

## P단계

예비 초등 ~ 초등 1학년 권장

| 교 재 내 용 문 의 | 교재 내용 문의는 EBS 초등사이트 (primary.ebs.co.kr)의 교재 Q&A 서비스를 활용하시기 바랍니다. | 교 재 정 오 표 공 지 | 발행 이후 발견된 정오 사항을 EBS 초등사이트 정오표 코너에서 알려 드립니다. 교재 검색 → 교재 선택 → 정오표 | 교 재 정 정 신 청 | 공지된 정오 내용 외에 발견된 정오 사항이 있다면 EBS 초등사이트를 통해 알려 주세요. 교재 검색 → 교재 선택 → 교재 Q&A |

# 당신의 문해력

# 평생을 살아가는 힘,
# 문해력을 키워 주세요!

## 문해력을 가장 잘 아는 EBS가 만든 문해력 시리즈

예비 초등 ~ 중학

### 문해력을 이루는 핵심 분야별 / 학습 단계별 교재

▼

어휘    쓰기    ERI 독해    배경지식    디지털독해

# 우리 아이의 **문해력 수준은?**

더욱 효과적인 문해력 학습을 위한
**EBS 문해력 진단 테스트**

https://primary.ebs.co.kr/course/literacy

간단하게 문해력 수준을 확인하고
권장 단계에 맞추어 체계적 학습을 시작하세요!

등급으로 확인하는
문해력 수준

NEW

## 문해력
## 등급 평가

초1 - 중1

초등

# ERI 독해가 문해력이다

P단계

예비 초등 ~ 초등 1학년 권장

# 교과서를 읽지 못하는 우리 아이?
## 평생을 살아가는 힘, '문해력'을 키워 주세요!

# 'ERI 독해가 문해력이다'
## 독해 학습으로 문해력 키우기

## 1 학습 수준에 따라 체계적인 독해 학습이 가능합니다.

단순히 많은 글을 읽고 문제를 푸는 것만으로는 문해력이 늘지 않습니다.
쉬운 글부터 어려운 글까지 글의 난이도에 따라 체계적인 단계 학습이 가능하도록 구성하였습니다.

## 2 특허받은 독해 능력 수치 산출 프로그램(특허 번호 제10-2309633)을 통해 과학적으로 구성하였습니다.

EBS가 전국 문해력 전문가, 이화여대 산학협력단과 공동 개발한 ERI(EBS Reading Index) 지수에 따라 과학적인 독해 학습이 가능합니다.

## 3 다양한 교과의 핵심 개념과 소재를 반영한 학년별 2권×4주 학습으로 풍부한 독해 훈련이 가능합니다.

독해의 3대 요소인 '낱말', '문장', '배경지식'의 수준을 고려하여 기본, 심화 단계로 구성하였습니다.
인문ㆍ문학, 사회ㆍ역사, 과학ㆍ자연, 예술ㆍ문화 영역의 핵심 개념과 소재를 다룬 다양한 글을 골고루 수록하였습니다.

## 4 기본 어휘와 관련된 우리말, 외래어, 속담, 관용 표현을 통해 어휘력의 깊이와 넓이를 동시에 키워 줍니다.

독해 능력의 40% 이상을 차지하는 어휘력은 독해 학습에 필수적입니다.
다양한 어휘 관련 문제로 어휘 학습까지 놓치지 않도록 하였습니다.
부록으로 4회분 받아쓰기를 수록하였습니다.

## 5 'QR 코드를 활용한 입체 학습'과 'STEAM 독해'로 문해력을 UP!

QR 코드를 활용해 지문을 듣고, 읽고, 삽화를 보면서 다각적으로 글을 이해하는 입체적 학습으로 문해력의 기본 능력을 확실히 다질 수 있도록 하였습니다. 또한 지문 하나로 여러 과목을 동시에 학습하는 'STEAM 독해'를 통한 융합 사고력을 키우고, 문해력과 함께 문제 해결 능력을 쭈욱 올릴 수 있도록 하였습니다.

**ERI 지수가 무엇인가요?**

ERI(EBS Reading Index) 지수는

아이들이 읽는 글의 난이도를 단어, 문장, 배경지식에 따라 등급화하여 정량화하고, 독해 전문가들이 정성평가를 통해 최종 보정한 수치로서 EBS가 전국 문해력 전문가, 이화여대 산학협력단과 공동 개발하였습니다.

**ERI 지수는 어떻게 산정되나요?**

각 학년마다 꼭 알아야 하는 읽기 방법, 교과의 핵심 개념과 학습 요소들을 중심으로 체계적으로 지문을 구성합니다.

구성된 지문의 단어 수준과 문장의 복잡도, 배경지식이 학년 수준에 적합한지 여부를 계산합니다. 전문가들이 최종 정성평가와 보정을 거쳐 최종 지수와 적정 학년 수준과 단계가 산정됩니다.

# ERI 지수 범위와 학습 단계

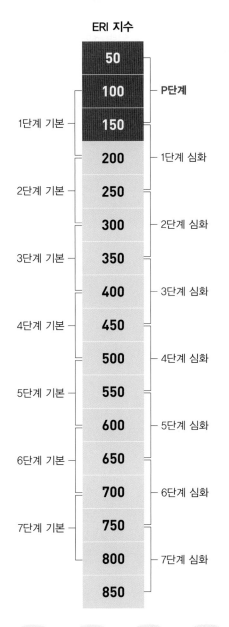

| 교재명 | ERI 지수 범위 | 학년 수준 |
|---|---|---|
| P단계 | 50 이상~150 미만 | 예비 초등<br>~초등 1학년 |
| 1단계 기본 | 100 이상~200 미만 | 초등<br>1~2학년 |
| 1단계 심화 | 150 이상~250 미만 | 초등<br>1~2학년 |
| 2단계 기본 | 200 이상~300 미만 | 초등<br>2~3학년 |
| 2단계 심화 | 250 이상~350 미만 | 초등<br>2~3학년 |
| 3단계 기본 | 300 이상~400 미만 | 초등<br>3~4학년 |
| 3단계 심화 | 350 이상~450 미만 | 초등<br>3~4학년 |
| 4단계 기본 | 400 이상~500 미만 | 초등<br>4~5학년 |
| 4단계 심화 | 450 이상~550 미만 | 초등<br>4~5학년 |
| 5단계 기본 | 500 이상~600 미만 | 초등<br>5~6학년 |
| 5단계 심화 | 550 이상~650 미만 | 초등<br>5~6학년 |
| 6단계 기본 | 600 이상~700 미만 | 초등 6학년<br>~중학 1학년 |
| 6단계 심화 | 650 이상~750 미만 | 초등 6학년<br>~중학 1학년 |
| 7단계 기본 | 700 이상~800 미만 | 중학<br>1~2학년 |
| 7단계 심화 | 750 이상~850 미만 | 중학<br>1~2학년 |

# 이 책의
## 구성과
### 특징

**문해력, 문해력, 문해력을 강조합니다.**

**무엇이** 문해력이라고 생각하나요?

문해력은 글을 단순히 읽고 쓸 줄 아닌 것이 아니라
현대 사회에서 일상생활을 해 나가는 데 필요한 글을 읽고
이해하는 최소한의 능력을 말합니다.
따라서 글을 읽고 이해하여 사람들과 소통하고 문제를
해결하는 데 활용할 수 있도록 하는 것입니다.

**어떻게** 해야 문해력을 높일 수 있을까요?

자기 단계에 맞는 글을 선택해서
듣고, 읽고, 보고, 이해한 후 다양한 방법으로 생각하여
문제를 해결하고, 새로운 창의적 사고를 하는 훈련을
꾸준히 하는 것이 좋습니다.

**EBS만의 장점**

아이들 눈높이와 학령 수준에 맞춘 차별화된 교재와 강의로 입체
학습을 할 수 있습니다.

## 스스로 계획을 짜고 학습해요!

## 다양한 주제의 지문

인문 · 문학, 사회 · 지리, 과학 · 자연, 예체능활동, STEAM 융합 지문을 골고루 실었습니다.

**계획적인 학습** 스스로 학습 계획을 짜서 스스로의 힘으로 공부하는 훈련을 할 수 있도록 하였습니다.

**융합 사고 훈련** STEAM 융합 지문으로 과학 · 자연 · 예체능 · 수학 영역을 결합한 종합적 사고로 문제를
해결하는 능력을 키우도록 하였습니다.

**ERI 지수 분석** 지문의 단어, 문장, 배경지식 각각의 수준이 대상 학령, 학년 수준 내에서 어느 정도인지
한눈에 알아볼 수 있도록 하였습니다.

# 무슨 이야기를 할까, 어떤 낱말을 배울까?

## 글을 읽어 볼까?

**QR 코드**로 글을 잘 듣고 따라 읽어 봅니다.

큰소리로 읽는 소리 학습을 한 후 스티커를 붙이게 하여 학습 성취감을 높이도록 하였습니다.

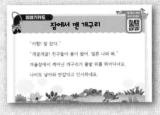

● ERI 지수에 맞춘 글을 읽어요.

● 짧은 글을 하나 더 읽어 봐요.

● 재미있는 글과 만화로 배경지식을 늘려요.

## 어휘 실력을 키워 볼까?

● **스티커로 붙이고 따라 써 봐요.**

그림 속 이야기로 낱말을 읽히고, 낱말에 맞는 스티커를 붙이며 따라 쓰게 하여 오감을 활용한 학습이 되도록 하였습니다.

● **어휘랑 놀며 실력을 키워요.**

잘못 쓰기 쉬운 말, 헷갈리는 말, 높임말, 동음이의어 등 어휘 살찌우기 코너를 통해 어휘력을 키우는 다양한 학습을 하고 써 볼 수 있도록 하였습니다.

# 문해력을 높여 주는 기본 문제부터
# 다양한 활동의 문제 유형 제시

**글의 내용** 이해하기

전체적인 글의 내용을 이해하고 있는지를
확인하는 문제입니다.

**세부 내용** 이해하기

중요한 개념이나 사건 등을 세부적으로
이해하고 있는지를 확인하는 문제입니다.

**낱말 뜻** 이해하기

정확한 낱말 뜻을 알고, 지문 속 내용이나
생활 속 낱말 활용에 적용할 수 있는지를
확인하는 문제입니다.

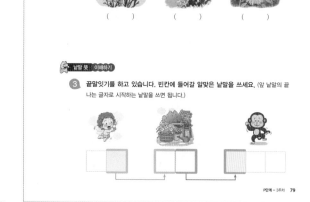

## 특화 코너

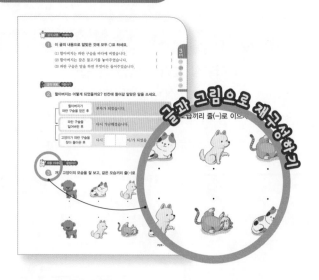

글을 읽고 전체 내용을 재구성해 보는 문제를 통해,
지문 내용을 정리하여 이해하는 방법을 훈련할 수 있
도록 하였습니다.

학습 내용을 이해하고 주어진 상황에서의 해결법을
자유로이 제시하도록 하여 문제 해결 능력을 키우도
록 하였습니다.

글의 내용 **적용하기**

3 맛있는 피자가 있습니다. 질문에 알맞은 답을 쓰세요.

피자를 몇 조각으로 잘랐나요?

( ) 조각

피자 조각 수는 짝수일까요, 홀수일까요?

( )

배경지식 활용하여 **추론하기**

3 다음 글을 읽고, 빈칸에 들어갈 알맞은 말을 쓰세요.

무엇일까요?
모자 같다고요. 아니에요.

뱀이 [ ][ ][ ] 을/를 한입에

꿀꺽 먹은 그림이에요.

내용 이해하고 **활동하기**

3 아기 다람쥐들이 먹으려고 꺼낸 것에 ○표 하고, 무엇인지 쓰세요.

P단계 - 3주차 91

## 글의 내용 　적용하기

글 전체의 내용을 바르게 이해하고 생활 속
문제에 적용할 수 있는지를 확인하는
문제입니다.

## 배경지식을 활용하여　추론하기

주어진 배경지식과 연계하여 이를 바탕으로
새로운 지식을 추론해 낼 수 있는지를
확인하는 문제입니다.

## 내용 이해하고　활동하기

글의 내용을 이해하고 쓰기, 스티커 붙이기
등으로 창의 활동에 적용해 볼 수 있는지를
확인하는 문제입니다.

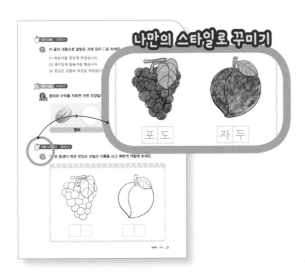

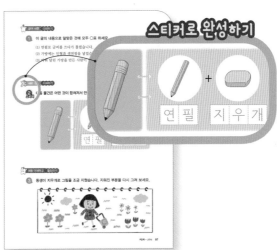

해당 지문의 주제와 관련 있는 다양한 활동의 문제를 제시하였습니다.
그림을 직접 자기만의 스타일로 색칠하거나 그려 보기, 문제에 맞는 스티커 찾아 붙이기 등 다양한 활동을 통한
학습으로 학습 효과는 물론 재미를 더할 수 있게 하였습니다.

# P단계 차례

# 1주차

P단계

## 무엇을 배울까요?

**1회** **꿀을 찾아 날아요**
과학 | 자연 ★ 봄 동산이 우리를 부르네!
이야기카드 잠에서 깬 개구리

**2회** **달콤한 과일이 좋아**
과학 | 자연 ★ 새콤달콤 맛있는 과일은 어디서 열릴까?
이야기카드 여우와 신 포도

**3회** **어디어디 숨었니?**
인문 | 문학 ★ 꼭꼭 숨어라. 머리카락 보일라.
이야기카드 미운 오리 새끼

**4회** **친구야, 놀자**
STEAM ★ 사이좋게 놀아요!
이야기카드 내가 최고야

**5회** **소금아, 어디서 왔니?**
STEAM ★ 바다와 햇빛이 준 선물
이야기카드 소금이 나오는 맷돌

## 어느 수준일까요?

**낱말**
**문장**
**배경지식**

매우 쉬움　약간 쉬움　보통　약간 어려움　매우 어려움

ERI 98

**학습 계획일**
　　월　　일

**낱말**
**문장**
**배경지식**

매우 쉬움　약간 쉬움　보통　약간 어려움　매우 어려움

ERI 83

**학습 계획일**
　　월　　일

**낱말**
**문장**
**배경지식**

매우 쉬움　약간 쉬움　보통　약간 어려움　매우 어려움

ERI 77

**학습 계획일**
　　월　　일

**낱말**
**문장**
**배경지식**

매우 쉬움　약간 쉬움　보통　약간 어려움　매우 어려움

ERI 149

**학습 계획일**
　　월　　일

**낱말**
**문장**
**배경지식**

매우 쉬움　약간 쉬움　보통　약간 어려움　매우 어려움

ERI 111

**학습 계획일**
　　월　　일

# 꿀을 찾아 날아요

봄 동산이 우리를 부르네!

**스티커** 알맞은 그림을 스티커에서 찾아 붙이고, 글자를 따라 써 보세요.

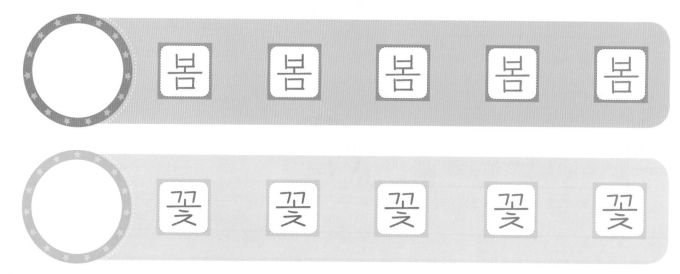

봄　봄　봄　봄　봄

꽃　꽃　꽃　꽃　꽃

흐리게 쓴 글자는 따라 쓰세요.

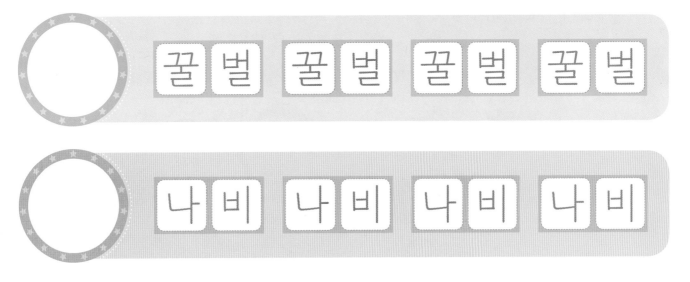

꿀벌 꿀벌 꿀벌 꿀벌

나비 나비 나비 나비

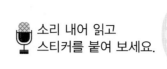
소리 내어 읽고
스티커를 붙여 보세요.

# 꿀을 찾아 날아요

봄이 찾아왔어요.

산에는 분홍 진달래꽃이 활짝 피었어요.

노란 개나리꽃이 민들레 꽃에게 봄 인사를 하네요.

벚꽃은 꽃 하늘을 만들어요.

꿀벌들이 꽃을 찾아다니며 윙윙거려요.

아하! 숨바꼭질이 아니네요.

맛있는 꿀을 찾아 날아다닌 거래요.

나비들도 꽃을 찾아 날아다녀요.

숨바꼭질 하나 봐요.

노랑나비는 개나리꽃 속에 숨었어요.

 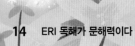

**1** 다음 빈칸에 들어갈 알맞은 말을 쓰세요.

꿀벌들은 [ ] 을/를 먹으려고 꽃을 찾아 날아다닙니다.

 세부 내용 **이해하기**

**2** 봄에 볼 수 있는 꽃에 모두 ○표 하세요.

진달래꽃

(        )

개나리꽃

(        )

해바라기 꽃

(        )

내용 이해하고 **활동하기**

**3**
**스티커**
종이접기 놀이를 해 봐요. 무엇이 만들어질까요? 스티커에서 찾아 붙이고 이름을 쓰세요.

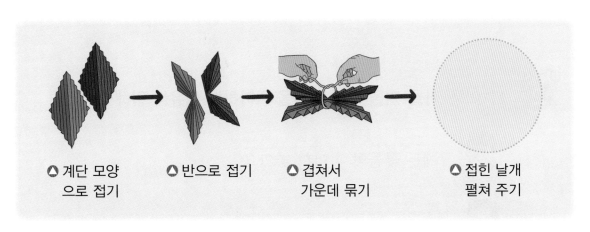

🔺 계단 모양
으로 접기

🔺 반으로 접기

🔺 겹쳐서
가운데 묶기

🔺 접힌 날개
펼쳐 주기

# 잠에서 깬 개구리

"아함! 잘 잤다."

"개굴개굴! 친구들아 봄이 왔어. 얼른 나와 봐."

겨울잠에서 깨어난 개구리가 풀밭 위를 뛰어다녀요.

나비도 날아와 반갑다고 인사하네요.

**1** 겨울 동안 개구리는 무엇을 했을까요? 알맞은 것에 ○표 하세요.

(1) 겨울잠을 잤습니다. ( )

(2) 노래를 불렀습니다. ( )

 **말하기 2** 봄·여름·가을·겨울 중에서 봄을 좋아하는 이유를 말해 보세요.

 예쁜 꽃들이 피어서 좋아요.

**어휘 살찌우기**

## 글자는 같고 뜻이 다른 말을 따라 써 봅니다.

**색깔을 나타내는 말**

## 무지개를 보고 색깔을 나타내는 말을 따라 써 봅니다.

| 빨 | 강 | 주 | 황 | 노 | 랑 | 초 | 록 |
|---|---|---|---|---|---|---|---|

| 파 | 랑 | 남 | 색 | 보 | 라 |
|---|---|---|---|---|---|

# 달콤한 과일이 좋아

새콤달콤 맛있는 과일은 어디서 열릴까?

와, 포도가 주렁주렁 열렸네.

포도는 나무에서 열리는구나.

잘 익은 수박을 찾아볼까?

스티커 알맞은 그림을 스티커에서 찾아 붙이고, 글자를 따라 써 보세요.

참 외 참 외 참 외 참 외

포 도 포 도 포 도 포 도

흐리게 쓴 글자는 따라 쓰세요.

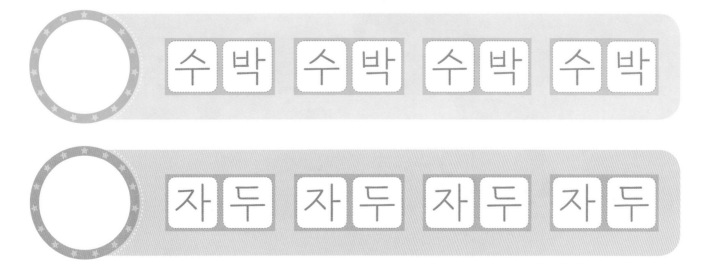

수 박　수 박　수 박　수 박

자 두　자 두　자 두　자 두

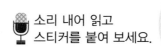
소리 내어 읽고
스티커를 붙여 보세요.

잘 듣고 따라
읽어 보세요.

# 달콤한 과일이 좋아

아빠, 엄마와 함께 놀러 왔어요.

물놀이가 너무 재미있어요.

한참 물놀이를 했더니 배가 고팠어요.

점심은 김밥과 과일을 먹었어요.

동생과 나는 김밥보다 과일을 더 많이 먹었어요.

포도와 자두는 맛있었어요.

엄마가 시원한 참외와 수박을 잘라 주셨어요.

노란색 참외는 속은 하얀색이고 작은 씨들이 있어요.

초록색 수박은 속은 빨간색이고 검은색 씨들이 있어요.

글의 내용  이해하기

**1** 이 글의 내용으로 알맞은 것에 모두 ○표 하세요.

(1) 복숭아를 맛있게 먹었습니다. ( )

(2) 재미있게 물놀이를 했습니다. ( )

(3) 점심은 김밥과 과일을 먹었습니다. ( )

세부 내용  이해하기

**2** **스티커** 참외와 수박을 자르면 어떤 모양일까요? 스티커에서 찾아 붙여 보세요.

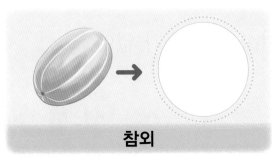

참외

수박

내용 이해하고  활동하기

**3** '나'와 동생이 먹은 맛있는 과일의 이름을 쓰고 예쁘게 색칠해 보세요.

# 여우와 신 포도

배고픈 여우가 포도나무를 보았어요.

맛있는 포도가 주렁주렁 열려 있었어요.

하지만 너무 높이 달려 있어 딸 수가 없었지요.

한참을 올려다보던 여우는

"안 익은 포도는 너무 시어서 먹을 수가 없어."

하면서 가던 길을 갔어요.

**1** 높이 달린 포도를 보고 여우는 뭐라고 했는지 알맞은 것에 ○표 하세요.

(1) 난 배가 불러서 포도는 안 먹을 거야.       (      )

(2) 난 포도가 너무 시어 보여서 안 먹을 거야.     (      )

**말하기 2** 여우는 왜 포도를 먹지 않았을까요? 여러분의 생각을 자유롭게 말해 보세요.

 어차피 따 먹을 수 없으니까.

**어휘 살찌우기**

무슨 맛일까요? 맛을 표현하는 말을 따라 써 봅니다.

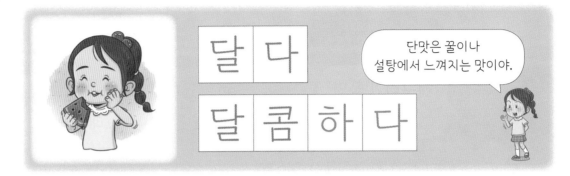

| 달 | 다 | | |
| 달 | 콤 | 하 | 다 |

> 단맛은 꿀이나 설탕에서 느껴지는 맛이야.

| 시 | 다 | | |
| 새 | 콤 | 하 | 다 |

> 신맛은 입에 침이 고이고, 얼굴이 찡그려지는 맛이야.

**재미있는 속담익히기**

### 그림의 떡이다

그림 속에 있는 음식은 아무리 맛있게 보여도 먹을 수 없어요. 이 처럼 마음에 들거나 좋아 보여도 가질 수 없는 것을 가리켜 '그림의 떡이다'라고 말을 해요.

다음 경우에 알맞은 속담을 따라 써 봅니다.

| 그 | 림 | 의 | | 떡 | 이 | 다 |

# 어디어디 숨었니?

꼭꼭 숨어라. 머리카락 보일라.

 알맞은 그림을 스티커에서 찾아 붙이고, 글자를 따라 써 보세요.

타 조 타 조 타 조 타 조

오 리 오 리 오 리 오 리

흐리게 쓴 글자는 따라 쓰세요.

개구리 개구리 개구리

부엉이 부엉이 부엉이

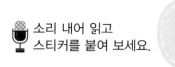

소리 내어 읽고
스티커를 붙여 보세요.

잘 듣고 따라
읽어 보세요.

# 어디어디 숨었니?

어린아이가 친구들과 숨바꼭질을 해요.

"모두 숨었니? 하나, 둘, 셋. 이제 찾는다."

개굴개굴 개구리는 풀 속에 숨었어요.

몸이 큰 타조는 나무 뒤에 숨었네요.

부엉이는 나무 위에서 졸고 있어요.

어머나! 고양이는 장화 속에 숨었군요.

어린아이는 친구들을 모두 찾을 수 있을까요?

오리가 궁금해서 고개를 쏙 내밀었어요.

"오리야, 얼른 숨어."

다람쥐가 작은 소리로 말했어요.

글의 내용 **이해하기**

**1** 이 글의 내용으로 알맞은 것에 모두 ○표 하세요.

(1) 어린아이는 숨바꼭질을 합니다. ( )

(2) 타조는 나무 뒤에 숨었습니다. ( )

(3) 술래는 다람쥐입니다. ( )

세부 내용 **이해하기**

**2** 동물들이 숨은 곳은 어디입니까? 알맞게 줄(—)로 이으세요.

(1) 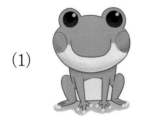 · ·

(2)  · ·

배경지식 활용하여 **추론하기**

**3** '나'는 누구일까요? 빈칸에 들어갈 알맞은 이름을 쓰세요.

> 🐦 나는 몸집이 커요.
> 🐦 나는 나무 뒤에 숨었어요.
> 🐦 나는 날지 못하는 새입니다.

# 미운 오리 새끼

새끼 오리들이 엄마 오리와 헤엄을 치고 있어요. 그중 한 마리는 몸이 크고 색깔이 달랐어요. 형제 오리들은 생김새가 다른 오리를 '미운 오리'라고 부르며 놀렸어요.

어느 날, 미운 오리는 큰 소리로 말했어요.

"나는 오리가 아니었어. 난 아름다운 백조였어!"

**1** 미운 오리가 형제 오리들에게 놀림을 받은 이유는 무엇인가요? 알맞은 것에 ○표 하세요.

(1) 다른 형제 오리들과 생김새가 달랐기 때문입니다.　　　(　　　)

(2) 엄마 오리의 사랑을 혼자만 많이 받았기 때문입니다.　　(　　　)

**말하기 2** 미운 오리를 놀리는 형제 오리들에게 해 주고 싶은 말을 해 보세요.

생긴 모습을 보고 놀리면 안 돼.

**어휘 살찌우기**

어떤 소리를 낼까요? 흉내 내는 말을 따라 써 봅니다.

개구리는

| 개 | 굴 | 개 | 굴 | 개 | 굴 | 개 | 굴 |

고양이는

| 야 | 옹 | 야 | 옹 | 야 | 옹 | 야 | 옹 |

부엉이는

| 부 | 엉 | 부 | 엉 | 부 | 엉 | 부 | 엉 |

**재미있는 속담익히기**

### 고양이 개 보듯 한다

고양이와 개는 만나기만 하면 서로 으르렁대요. 이렇게 사이가 매우 나빠서 서로 으르렁거리며 해칠 기회만 찾는 것을 '고양이 개 보듯 한다'라고 해요.

다음 경우에 알맞은 속담을 따라 써 봅니다.

| 고 | 양 | 이 | | 개 | | 보 | 듯 | | 한 | 다 |

# 친구야, 놀자

**사이좋게 놀아요!**

알맞은 그림을 스티커에서 찾아 붙이고, 글자를 따라 써 보세요.

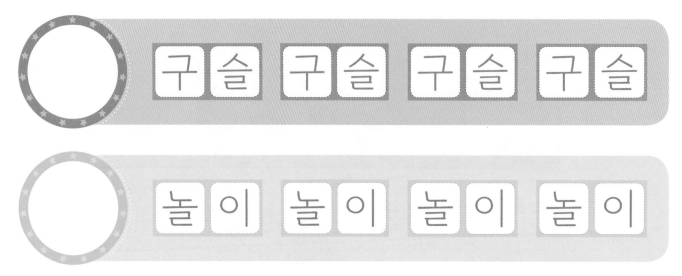

| 구 | 슬 | 구 | 슬 | 구 | 슬 | 구 | 슬 |

| 놀 | 이 | 놀 | 이 | 놀 | 이 | 놀 | 이 |

흐리게 쓴 글자는 따라 쓰세요.

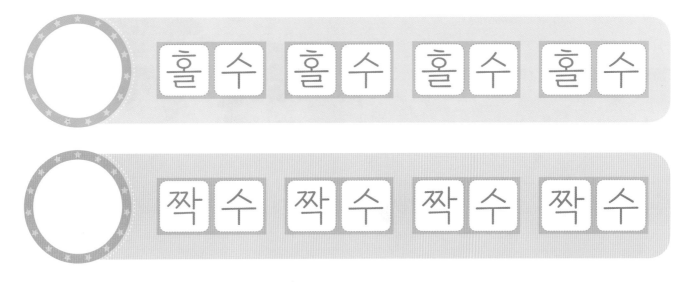

홀 수 　홀 수 　홀 수 　홀 수

짝 수 　짝 수 　짝 수 　짝 수

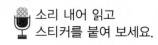
소리 내어 읽고
스티커를 붙여 보세요.

잘 듣고 따라
읽어 보세요.

# 친구야, 놀자

친구랑 둘이서 구슬 놀이를 합니다.

한 명은 손 안에 구슬을 ㉠쥐고* 있습니다. 다른 한 명은 손 안에 들어 있는 구슬이 '홀'인지 '짝'인지 맞히는 놀이입니다.

두 개씩 짝이 맞지 않으면 홀수, '홀'입니다. 두 개씩 짝이 맞으면 짝수, '짝'입니다.

달그락달그락.

"자, 맞혀 봐. 홀일까 짝일까?"

"음……, 짝!"

"하나, 둘, 셋, 넷. 짝이네!"

"와, 내가 이겼다."

*쥐다: 손을 오므려 뭉쳐지게 하다.

**1** 다음 빈칸에 들어갈 알맞은 말을 쓰세요.

두 아이는 [　　][　　]을/를 가지고 놀고 있습니다.

낱말 뜻 이해하기

**2** ㉠은 손을 어떻게 하고 있는 모양인지 알맞은 모양에 ○표 하세요.

(　　　　)　　　　(　　　　)

글의 내용 적용하기

**3** 맛있는 피자가 있습니다. 질문에 알맞은 답을 쓰세요.

 피자를 몇 조각으로 잘랐나요?

(　　　　　　　　) 조각

 피자 조각 수는 짝수일까요, 홀수일까요?

(　　　　　　　　)

잘 듣고 따라
읽어 보세요.

# 내가 최고야

다섯 손가락이 서로 자기가 최고라고 말하고 있어요.

그러다 손바닥의 말을 듣고 사이좋게 지내기로 했어요.

중요한 결혼 반지는 내가 껴.

나는 키가 제일 크다고.

약속을 할 때는 나로 한다고.

나는 1등을 말할 때 써.

나는 최고를 가리켜.

얘들아, 싸우지 마. 내가 없으면
너희는 어디에서 살래?

**1** 다섯 손가락이 싸우는 이유로 알맞은 것에 ○표 하세요.

(1) 자기가 제일 잘났다고 생각하기 때문입니다. ( )

(2) 자기가 살고 있는 곳이 마음에 들지 않기 때문입니다. ( )

 **말하기 2** '나'가 친구들에게 자랑하고 싶은 것을 말해 보세요.

 나는 친구들과 사이좋게 지내요.

**어휘 살찌우기**

다섯 손가락의 이름을 알아볼까요? 다섯 손가락의 이름을 따라 써 봅니다.

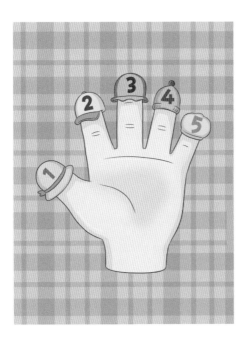

① 엄 지

② 검 지

집게손가락이라고도 해요.

③ 중 지

가운뎃손가락이라고도 해요.

④ 약 지

약손가락이라고도 해요.

⑤ 새 끼 손 가 락

**재미있는 속담익히기**

### 양손의 떡

두 가지 일이 있는데, 어느 것부터 먼저 해야 할 지 모를 때 '양손의 떡'이라는 말을 써요. 양손은 두 손을 말합니다.

다음 경우에 알맞은 속담을 따라 써 봅니다.

양 손 의 떡

# 소금아, 어디서 왔니?

**바다**와 **햇빛**이 준 선물

바닷물에서 짠맛이 나.

바닷물을 모아서 소금을 만드는 거야.

저 멀리 바다가 보여요.

 **스티커** 알맞은 그림을 스티커에서 찾아 붙이고, 글자를 따라 써 보세요.

바 다 바 다 바 다 바 다

햇 빛 햇 빛 햇 빛 햇 빛

소금은 어떻게 만들어질까?

햇빛이 쨍쨍 내리쬐면 소금이 잘 만들어진단다.

흐리게 쓴 글자는 따라 쓰세요.

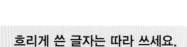

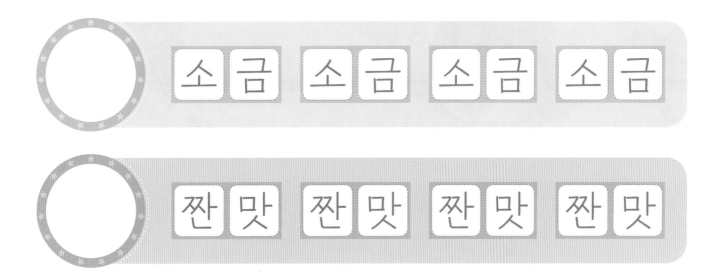

소금 소금 소금 소금

짠맛 짠맛 짠맛 짠맛

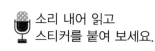
소리 내어 읽고
스티커를 붙여 보세요.

잘 듣고 따라
읽어 보세요.

# 소금아, 어디서 왔니?

우리 가족은 바다가 보이는 곳에 살아요.

아버지는 넓은 소금밭에서 일해요.

소금을 만드는 밭이에요.

아버지는 바닷물을 소금밭에 가득 채워요.

뜨거운 햇빛을 받으면 바닷물이 조금씩 말라요.

아버지가 놀고 있는 나를 불렀어요.

소금밭에 하얀 소금꽃*이 피었다고요.

짠맛이 나는 소금이 만들어지기 시작했다고요.

*소금꽃: 소금밭에서 바닷물이 마른 후 생긴 소금의 작은 알갱이들.

글의 내용  이해하기

**1** 이 글의 내용으로 알맞은 것에 모두 ○표 하세요.

(1) 소금은 짠맛이 납니다. ( )

(2) 소금밭에는 바닷물을 가득 채웁니다. ( )

(3) 아버지는 설탕을 만드는 밭에서 일하십니다. ( )

글의 내용  적용하기

**2** 다음 그림을 보고 무엇이 만들어지는 과정인지 쓰세요.

| 바닷물을 밭에 모아요. | 뜨거운 햇빛이 물을 마르게 해요. | 하얀 알갱이가 만들어져요. |

낱말 뜻  이해하기

**3** 보기 를 보고 끝말잇기를 해 보세요. (앞 낱말의 끝나는 글자로 시작하는 낱말을 말하면 됩니다.)

보기

바 다 ➡ 다 리 미 ➡ 미 소

소 금 ➡ ⬜ ⬜ ⬜ ➡ ⬜ ⬜

# 소금이 나오는 맷돌

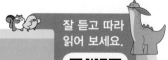

잘 듣고 따라
읽어 보세요.

욕심 많은 도둑이 무엇이든지 나오는 맷돌을 훔쳤어요.

도둑은 배를 타고 도망가면서 "나와라, 소금!"하고 외

쳤어요. 그러자 맷돌에서 소금이 끝없이 쏟아져 나왔어

요. 그런데 맷돌을 멈추게 할 줄은 몰랐어요.

결국 도둑은 맷돌과 함께 바닷속에 가라앉고 말았지요.

지금도 맷돌이 바닷속에서 돌고 있어 바닷물이 짜답니다.

**1** 도둑이 맷돌을 멈추게 하지 못한 이유로 알맞은 것에 ○표 하세요.

(1) 맷돌을 멈추게 할 줄 몰랐기 때문입니다.          (          )

(2) 소금을 더 많이 갖고 싶었기 때문입니다.          (          )

**2**
**스티커** 물이 든 컵에 소금과 모래를 넣고 저으면 어떻게 되는지 실험해 보세요.
그리고 스티커에서 모양을 찾아 붙여 보세요.

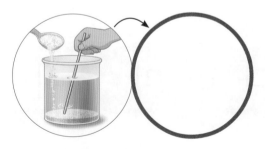

(1) 소금 넣고 젓기

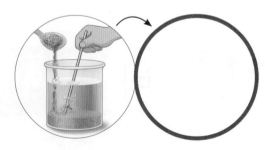

(2) 모래 넣고 젓기

무엇에 쓰던 물건일까요? 낱말을 따라 써 봅니다.

### 맷돌

곡식을 넣고 손잡이를 돌려 가는 데 쓰는 도구.

이게 뭔지 아니? 몰라.

옛날 사람들이 쓰던 물건인데,

콩 같은 곡식을 넣고 손잡이를 돌리면 곱게 갈려 나온대.

 **알고 있니?** 소금을 만들어 봐요

소금을 많이 넣고 끓인 소금물을 준비해요.

식은 소금물에 빨대를 넣고, 손으로 빨대 입구를 막아요.

색종이 위에 빨대를 대고 손을 떼면 물방울이 떨어져요.

〈준비물〉

소금, 물, 색종이, 빨대

아우, 짜. 소금 맞아.

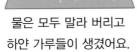

물은 모두 말라 버리고 하얀 가루들이 생겼어요.

물방울을 떨어뜨린 색종이를 햇빛이 드는 곳에 두어요.

## 무엇을 배울까요?

**1회**

### 내 친구, 고양이 코코
과학|자연 ★ 오늘 기분은 어때?

이야기카드  지금 내 기분은요

**2회**

### 개미와 비둘기
인문|문학 ★ 서로서로 도와요!

이야기카드  개미와 베짱이

**3회**

### 수영을 배워요
예체능활동 ★ 오늘은 내가 바다의 왕자!

이야기카드  처음이라서요

**4회**

### 코끼리를 말해요
인문|문학 ★ 코끼리는 어떻게 생겼나?

이야기카드  코끼리는 코가 손인가 봐요

**5회**

### 어떤 집을 지을까?
인문|문학 ★ 네가 살고 싶은 집은 어떻게 생겼니?

이야기카드  나도 얼음집에서 살래!

## 어느 수준일까요?

# 내 친구, 고양이 코코

 알맞은 그림을 스티커에서 찾아 붙이고, 글자를 따라 써 보세요.

○ 기분 기분 기분 기분

○ 생각 생각 생각 생각

흐리게 쓴 글자는 따라 쓰세요.

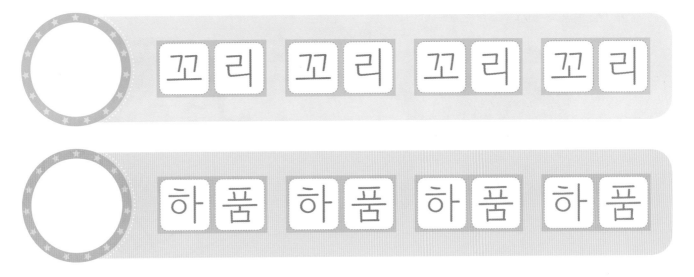

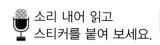
소리 내어 읽고
스티커를 붙여 보세요.

잘 듣고 따라
읽어 보세요.

# 내 친구, 고양이 코코

내 친구, 고양이를 소개할게요. 이름은 코코예요.

코코는 작은 상자 안을 좋아해요.

꼬리를 빳빳하게 올리면 기쁘다는 뜻이에요. 하지만 꼬리를 세게 흔든다면 그건 싸우고 싶다는 뜻이지요.

기분이 좋을 때는 ㉠꾹꾹이를 해요. 앞발로 내 팔이나 베개 등을 꾹꾹 눌러 줘요. 그런데 코코의 배를 만지는 것은 아주 싫어해요.

코코는 졸릴 때 하품을 해요. 자고 일어나서도 기지개를 켜며 하품을 하고요.

*기지개: 몸을 쭉 펴고 팔다리를 뻗는 일.

**1** 이 글의 내용으로 알맞은 것에 모두 ○표 하세요.

(1) 내가 키우는 고양이 이름은 코코입니다. ( )

(2) 고양이는 기분 좋을 때 하품을 합니다. ( )

(3) 고양이는 배를 만지면 싫어합니다. ( )

낱말 뜻 이해하기

**2** ㉠은 고양이가 어떤 행동을 하는 것인지 맞는 그림에 ○표 하세요.

( ) ( ) ( )

내용 이해하고 활동하기

**3** 보기 를 보고 낱말 '고양이'로 낱말 찾기 놀이를 해 보세요.

# 지금 내 기분은요

선물을 받아서 기뻐요.

나는 기쁘면 활짝 웃어요.

넘어져서 아파요.

나는 아프면 엉엉 울어요.

집에 혼자 있어서 무서워요.

나는 무서우면 벌벌 떨어요.

**1** 빈칸에 들어갈 알맞은 말을 쓰세요.

(1)  선물을 받았다  –  기쁘다  –

(2)  넘어졌다  –  아프다  –

(3)  집에 혼자 있다  –  –  떨다

**2 스티커** 아이는 어떤 기분일까요? 아이의 기분에 맞는 스티커를 찾아 붙여 보세요.

친구가 멀리
이사 가요.

놀이공원에
놀러 가요.

귀신이 나오는
만화 영화를 봐요.

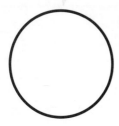

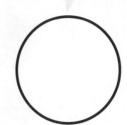

**어휘 살찌우기**

## 그림에 어울리는 기분을 나타내는 낱말을 따라 써 봅니다.

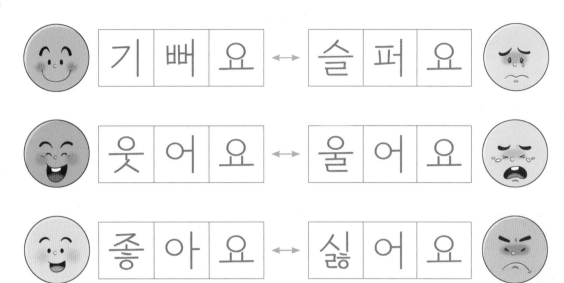

| 기 | 뻐 | 요 | ↔ | 슬 | 퍼 | 요 |

| 웃 | 어 | 요 | ↔ | 울 | 어 | 요 |

| 좋 | 아 | 요 | ↔ | 싫 | 어 | 요 |

## 알고 있니? 반려동물

집에서 고양이, 개, 새 등을 키우는 사람들이 있습니다.

이렇게 사람의 곁에서 가족같이 살아가는 동물을 '반려동물'이라고 합니다.

가족처럼 함께 지내는 반려동물을 키우려고 마음먹었다면 책임감을 가지고 잘 돌봐 주어야 합니다.

그러니까 반려동물을 키우기 전에 한번 잘 생각해 보세요.

- 가족 모두 키우고 싶어 하나요?
- 반려동물과 함께 지낼 공간이 있나요?
- 반려동물을 끝까지 버리지 않고 키울 수 있나요?
- 귀찮아하지 않고 관심을 갖고 잘 돌볼 수 있나요?
- 반려동물이 집 안을 어지럽히거나 물건을 망가뜨려도 괜찮나요?

# 개미와 비둘기

**서로서로 도와요!**

 알맞은 그림을 스티커에서 찾아 붙이고, 글자를 따라 써 보세요.

개미 개미 개미 개미

나뭇잎 나뭇잎 나뭇잎

흐리게 쓴 글자는 따라 쓰세요.

비둘기 비둘기 비둘기

사냥꾼 사냥꾼 사냥꾼

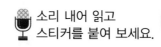 소리 내어 읽고
스티커를 붙여 보세요.

  잘 듣고 따라
읽어 보세요.

# 개미와 비둘기

개미가 강가에서 물을 마시다 강물 속에 빠졌어요.

지나가던 비둘기가 나뭇잎을 따다가 개미에게 던져 주었어요.

개미는 나뭇잎에 올라타 겨우 살아났어요.

"비둘기야, 고마워!"

다음 날 아침 일찍 개미는 숲으로 놀러 갔어요.

바로 그때, 사냥꾼이 비둘기를 총으로 쏘려고 하고 있었어요.

개미는 사냥꾼의 발가락을 힘껏 깨물었어요.

"아얏! 앗 따가워."

사냥꾼이 소리를 질렀어요.

㉠나무 위에 앉아 있던 비둘기는 멀리멀리 날아갔어요.

글의 내용 이해하기

**1** 이 글의 내용으로 알맞은 것에 모두 ◯표 하세요.

(1) 개미는 비둘기 때문에 살아났습니다. ( )

(2) 개미는 사냥꾼의 얼굴을 깨물었습니다. ( )

(3) 개미는 물을 마시다 강물에 빠졌습니다. ( )

낱말 뜻 이해하기

**2** ㉠에서 비둘기는 멀리멀리 날아가면서 개미에게 뭐라고 말했을까요? 빈칸에 들어갈 알맞은 말을 쓰세요.

"개미야, [   |   |   ]!"

내용 이해하고 활동하기

**3** 숲에 사는 개미의 곤충 친구는 누가누가 있을까요? 보기 에서 친구들의 이름을 찾아 빈칸에 쓰세요.

보기 · 매미    · 거미    · 잠자리    · 무당벌레

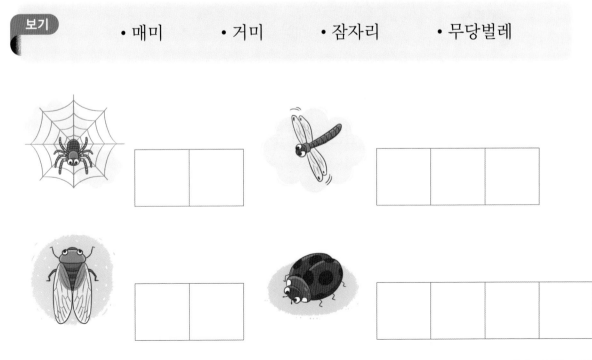

잘 듣고 따라 읽어 보세요.

# 개미와 베짱이

더운 여름, 개미는 땀을 흘리며 부지런히 일했어요.

베짱이는 나무 아래에서 노래를 부르며 놀기만 했지요.

추운 겨울이 되었어요.

춥고 배고픈 베짱이는 개미에게 갔어요.

"개미야, 배가 고파서 왔어. 먹을 것 좀 줄래?"

"베짱이야, 얼른 들어와. 내가 먹을 걸 줄게."

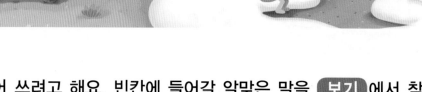

**1** 제목을 바꾸어 쓰려고 해요. 빈칸에 들어갈 알맞은 말을 보기 에서 찾아 쓰세요.

보기
· 게으른          · 부지런한

개미와 베짱이 → ⬚⬚⬚⬚⬚ 개미와 ⬚⬚⬚⬚⬚ 베짱이

**말하기 2** 베짱이에게 해 주고 싶은 말이 무엇인지 말해 보세요.

베짱이야, 개미에게 고맙다고 해야 해.

**어휘 살찌우기** 친구와 웃어른께 하는 인사말을 따라 써 봅니다.

친구 　　웃어른

| 안 | 녕 | ? | | | → | 안 | 녕 | 하 | 세 | 요 | ? |

| 고 | 마 | 워 | . | → | 고 | 맙 | 습 | 니 | 다 | . |

| 고 | 마 | 워 | . | → | 감 | 사 | 합 | 니 | 다 | . |

| 미 | 안 | 해 | . | → | 죄 | 송 | 합 | 니 | 다 | . |

**알고 있니?** 　　개미의 세계

　개미는 여왕개미·수개미·일개미로 나누어져요. 몸이 가장 큰 여왕개미는 알을 낳는 일만 해요. 여왕개미와 수개미는 둘 다 날개가 달렸어요. 일개미는 자기 몸무게의 30~40배를 들 수 있어요. 일개미는 집짓기, 먹이 구해 오기, 알과 애벌레 보살피기, 적과 싸우기 등의 일을 합니다.

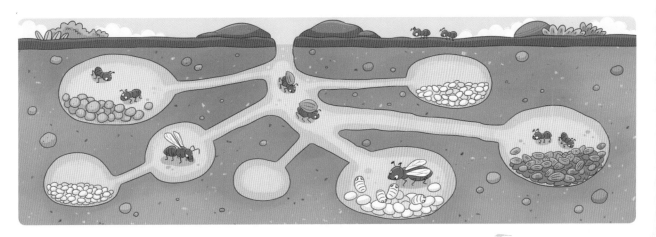

# 수영을 배워요

 알맞은 그림을 스티커에서 찾아 붙이고, 글자를 따라 써 보세요.

가슴이 두근두근거려.

나는 수영보다
물장구가 더 재미있어.

첨벙첨벙,
소리 좀 들어 봐.

바다에서
수영하니까 너무 떨려.

흐리게 쓴 글자는 따라 쓰세요.

두 근 두 근    두 근 두 근

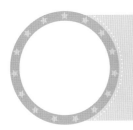
첨 벙 첨 벙    첨 벙 첨 벙

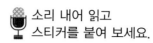

소리 내어 읽고 스티커를 붙여 보세요.

잘 듣고 따라 읽어 보세요.

# 수영을 배워요

처음 수영*을 배우는 날이에요. 두근두근*, 가슴이 뛰어요.

선생님을 따라 준비 운동을 했어요.

"하나, 둘, 셋, 넷."

물에 들어가기 전에는 꼭 준비 운동을 해야 한대요.

그리고 수영장 물에 발을 담그고 빙 둘러앉았어요.

"얘들아, 이제부터 물장구를 쳐 볼까?"

첨벙첨벙, 너무 신나고 재미있어요.

이제 물에 들어가는 것도 무섭지 않아요.

"선생님, 얼른 수영하는 거 가르쳐 주세요."

＊수영: 물속에서 헤엄치는 것.
＊두근두근: 매우 놀라고 걱정되거나 기분이 좋아서 가슴이 자꾸 크게 뛰는 모양을 나타내는 말.

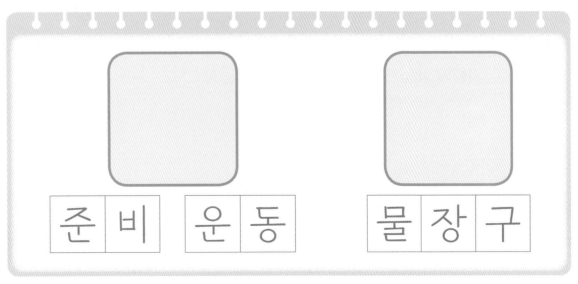

**글의 내용** **이해하기**

**1** 이 글의 내용으로 알맞은 것에 모두 ○표 하세요.

(1) 수영을 마지막으로 배우는 날입니다. ( )

(2) 수영을 하려면 물에 들어가야 합니다. ( )

(3) 물에 들어가기 전에 준비 운동을 합니다. ( )

**낱말 뜻** **이해하기**

**2** 다음 빈칸에 들어갈 알맞은 낱말을 쓰세요.

(1) 친구들과 물장구를 쳐요. [　][　][　][　] 소리가 나요.

(2) 수영 배우기가 겁나요. 그래서 가슴이 [　][　][　][　]

뛰어요.

**내용 이해하고** **활동하기**

**3** 주어진 말에 맞는 그림은 무엇일까요? 스티커에서 찾아 붙이고 따라 써 보세요.
**스티커**

| 준 | 비 | 운 | 동 |

| 물 | 장 | 구 |

# 처음이라서요

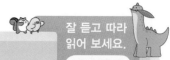

잘 듣고 따라
읽어 보세요.

처음으로 하늘을 날아요. 아기 새 가슴은 두근두근.

알을 깨고 밖으로 나와요. 병아리 가슴은 콩닥콩닥.

처음으로 교실에 들어가요. 내 다리는 후들후들.

왜 이렇게 떨리죠?

처음이라서요.

**1** 이 글을 읽고 바르게 말한 친구에 ○표 하세요.

> 병아리는 처음으로 하늘을
> 나는 것이 떨린다고 했어.

(          )

> 나는 처음으로 교실에
> 들어가는 것이 떨려서 다리가
> 후들후들했어.

(          )

**말하기 2** 유치원에 처음 갈 때, 내 마음은 어땠는지 말해 보세요.

유치원에 처음 혼자 들어갈 때 떨려서 울었어요.

**어휘 살찌우기**

## 동작에 어울리는 말을 따라 써 봅니다.

신나서 가볍게 뛰는 동작이야.

| 폴 | 짝 | 폴 | 짝 |
|---|---|---|---|

동그라미를 그리듯이 도는 동작이야.

| 빙 | 글 | 빙 | 글 |
|---|---|---|---|

## 알고 있니?  수영장에서 지켜야 할 것

수영장에서 수영을 할 때 지켜야 할 것들이 있습니다.

물에 들어가기 전에 몸을 깨끗이 씻어요.

물에 들어가기 전에 준비 운동을 해요.

바닥이 미끄러우니 뛰어다니지 않아요.

음식물을 먹고 바로 수영하지 않아요.

# 코끼리를 말해요

코끼리는 어떻게 생겼나?

땅 위의 동물 중에서
우리가 가장 커.

우리는 덩치가 크지만
풀을 먹어.

스티커 알맞은 그림을 스티커에서 찾아 붙이고, 글자를 따라 써 보세요.

부채 부채 부채 부채

밧줄 밧줄 밧줄 밧줄

흐리게 쓴 글자는 따라 쓰세요.

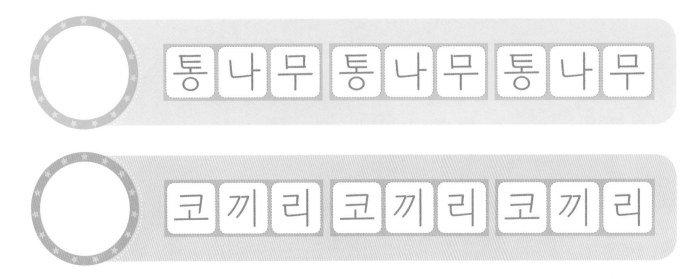

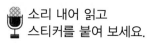
소리 내어 읽고
스티커를 붙여 보세요.

잘 듣고 따라
읽어 보세요.

# 코끼리를 말해요

선생님은 아이들에게 눈을 가리고 코끼리를 만져 보게 했어요. 코끼리가 어떻게 생겼는지 말해 보게 하려고요.

"여러분, 코끼리가 어떻게 생겼지요?"

아이들은 대답했어요.

"커다란 통나무처럼 생겼어요."

"아니에요, 뱀처럼 생겼어요."

"선생님, 기다란 밧줄처럼 생겼어요."

선생님은 아이들의 대답을 듣고 말씀하셨어요.

"여러분 모두 맞아요. 코끼리 다리는 통나무처럼, 코는 뱀처럼 생겼어요. 꼬리는 밧줄처럼 생겼어요."

**1** 이 글의 내용으로 알맞은 것에 모두 ○표 하세요.

(1) 아이들은 눈을 가렸습니다. ( )

(2) 한 아이는 코끼리가 밧줄처럼 생겼다고 말했습니다. ( )

(3) 선생님은 그림으로 코끼리를 그려 아이들에게 보여 주었습니다. ( )

 내용 이해하고 활동하기

**2**
**스티커** 아이들이 말한 코끼리의 모양에 맞게 스티커를 붙여 보세요.

배경지식 활용하여 추론하기

**3** 다음 글을 읽고, 빈칸에 들어갈 알맞은 말을 쓰세요.

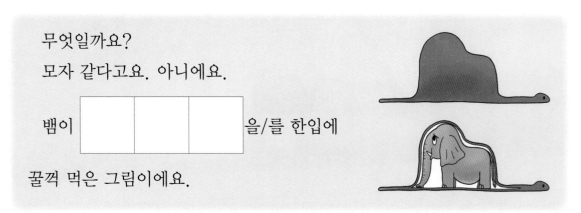

무엇일까요?

모자 같다고요. 아니에요.

뱀이 [ ][ ][ ] 을/를 한입에

꿀꺽 먹은 그림이에요.

# 코끼리는 코가 손인가 봐요

내가 덥다고 하면

코끼리는 코로 물을 뿌려 줘요.

"고마워. 이거 먹어."

내가 먹이를 주면

코끼리는 코로 받아 먹어요.

**1** 코끼리가 코로 한 일에 모두 ○표 하세요

(1) 코끼리는 코로 물을 뿌렸습니다. ( )

(2) 코끼리는 코로 먹이를 받았습니다. ( )

(3) 코끼리는 코로 나무에 매달렸습니다. ( )

**2** 다음 물건을 보고, 코끼리 코를 닮은 부분에 색칠해 보세요.

청소기

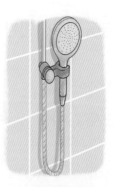

샤워기

흐리게 쓴 글자는 따라 쓰세요.

**어휘 살찌우기**

## 우리 얼굴에 있는 것들을 따라 써 봅니다.

귀

귀

눈

눈

입

입

코

코

---

### 알고 있니?  사라진 동물들

아주 오래 전에 살았지만 지금은 사라진 동물들이 있어요. 그중에는 크기가 엄청 큰 매머드와 공룡이 있어요.

매머드는 온 세상이 얼음으로 덮인 시대에 살았어요. 공룡은 나뭇잎이나 열매만 먹는 공룡이 있었고, 풀을 안 먹고 동물을 잡아먹는 공룡이 있었어요.

# 어떤 집을 지을까?

**네가 살고 싶은 집은 어떻게 생겼니?**

원숭이는 나무 위에 집을 지었구나.

돼지 세 마리가 멋지게 춤을 춰!

숲속 마을이네~ 빨간 벽돌집 앞에서 잔치를 하나 봐!

 **알맞은 그림을 스티커에서 찾아 붙이고, 글자를 따라 써 보세요.**

숲 속 숲 속 숲 속 숲 속

벽 돌 벽 돌 벽 돌 벽 돌

흐리게 쓴 글자는 따라 쓰세요.

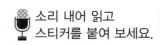
소리 내어 읽고
스티커를 붙여 보세요.

잘 듣고 따라
읽어 보세요.

# 어떤 집을 지을까?

아기 돼지 삼형제는 혼자서 살 집을 짓기로 했어요.

첫째 돼지는 나뭇잎을 모아 집을 지었어요.

둘째 돼지는 나뭇가지를 주워다가 집을 지었고요.

셋째 돼지는 벽돌로 튼튼하게 집을 지었지요.

숲속에 사는 늑대가 돼지 마을에 나타났어요.

배가 고픈 늑대는 아기 돼지들을 잡아먹으려고 했어요.

아기 돼지들의 집을 후후~ 하고 불었어요.

첫째 돼지, 둘째 돼지네 집이 우당탕 무너졌어요.

㉠그런데 셋째 돼지의 집은 무너지지 않았어요.

형 돼지들은 놀라서 셋째 돼지네 집으로 도망갔어요.

늑대는 할 수 없이 숲속으로 돌아갔지요.

아기 돼지 삼형제는 튼튼한 벽돌집에서 행복하게 살았답니다.

### 글의 내용 이해하기

**1** 이 글의 내용으로 알맞은 것에 모두 ○표 하세요.

(1) 아기 돼지 삼형제는 각자 따로 살 집을 짓기로 했습니다.　　( 　　 )

(2) 아기 돼지 삼형제는 벽돌집에서 함께 살았습니다.　　( 　　 )

(3) 늑대는 아기 돼지 삼형제와 친구가 되었습니다.　　( 　　 )

### 세부 내용 이해하기

**2** 아기 돼지 삼형제는 각자 무엇으로 집을 지었는지 알맞게 줄(–)로 이으세요.

(1)　첫째 돼지　•　　　　•　　　　•　벽돌

(2)　둘째 돼지　•　　　　•　　　　•　나뭇가지

(3)　셋째 돼지　•　　　　•　　　　•　나뭇잎

### 배경지식 활용하여 추론하기

**3** ㉠에서 셋째 돼지의 집은 왜 무너지지 않았을까요? 빈칸에 들어갈 알맞은 말을 보기 에서 찾아 쓰세요.

보기
　　•튼튼하게　　•아름답게　　•간단하게

셋째 돼지는 [　][　][　][　] 집을 지었기 때문입니다.

# 나도 얼음집에서 살래!

아주 추운 곳에 사는 사람들은

눈덩이와 얼음으로 둥글게 집을 지어요.

얼음으로 지었지만 집 안은 따뜻해요.

안에서 불을 피워도 녹지 않아요.

얼음집은 참 신기한 집이에요.

**1** 아주 추운 곳에 사는 사람들은 무엇으로 집을 짓나요? 빈칸에 들어갈 알맞은 말을 쓰세요.

| | | |
|---|---|---|
| | | |

와/과 얼음으로 얼음집을 짓습니다.

 말하기 **2** 얼음집을 보고 궁금한 것은 무엇인지 자유롭게 말해 보세요.

 얼음집 안의 바닥은 무엇으로 만드는지 궁금해.

**어휘 살찌우기**

'나'와 언니, 오빠, 누나, 동생 등의 가족 관계를 나타내는 낱말을 따라 써 봅니다.

| 형 | 제 | 형 | 제 | 형 | 제 |

형과 남동생 사이를 형제라고 합니다.

| 자 | 매 | 자 | 매 | 자 | 매 |

언니와 여동생 사이를 자매라고 합니다.

| 남 | 매 | 남 | 매 | 남 | 매 |

오빠와 여동생, 누나와 남동생 사이를 남매라고 합니다.

**낱말+낱말 로 만드는 낱말**

'나무'와 합쳐질 때 'ㅅ(시옷)'이 들어가는 낱말을 알아보고 따라 써 봅시다.

나무 + ㅅ + 잎 ➡ | 나 | 뭇 | 잎 |

나무 + ㅅ + 가지 ➡ | 나 | 뭇 | 가 | 지 |

나무 + ㅅ + 조각 ➡ | 나 | 뭇 | 조 | 각 |

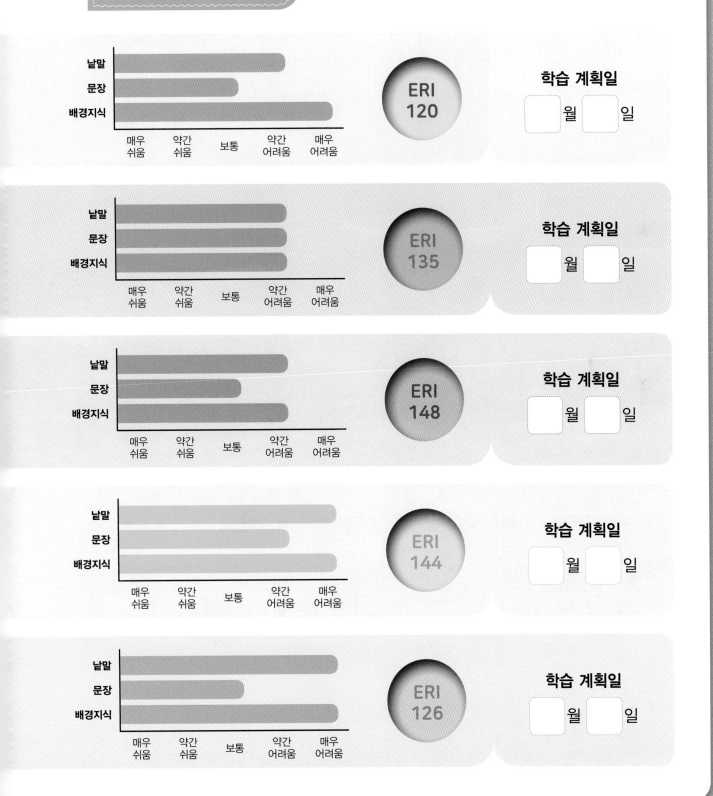

# 분수 안에 요정이 있을까?

분수를 보면 어떤 기분이야?

공원은 사람들이 와서 쉬거나 놀 수 있어.

우리 동네 사람들이 이 공원을 좋아해.

 알맞은 그림을 스티커에서 찾아 붙이고, 글자를 따라 써 보세요.

동네 동네 동네 동네

공원 공원 공원 공원

흐리게 쓴 글자는 따라 쓰세요.

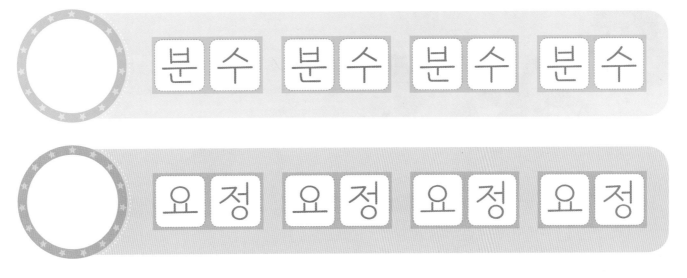

분 수 분 수 분 수 분 수

요 정 요 정 요 정 요 정

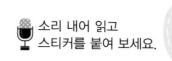
소리 내어 읽고
스티커를 붙여 보세요.

잘 듣고 따라
읽어 보세요.

# 분수 안에 요정이 있을까?

우리 마을에는 멋진 곳이 많아요.

아빠, 엄마와 함께 자전거 타기 좋은 길도 있고요.

친구들과 놀기 좋은 놀이터도 있어요.

그런데 나는 공원 안에 있는 분수를 가장 좋아해요.

시원하게 물이 올라오는 분수를 보면 기분이 좋아요.

분수에서 떨어지는 물소리는 노래처럼 들려요.

분수의 물은 하늘 높이 올라가기도 해요.

그럴 때는 분수가 춤을 추는 것 같아요.

쉿! 어쩌면 물의 요정이 분수 안에 숨어 있는지도 몰라요.

글의 내용 이해하기

**1** 이 글의 내용으로 알맞은 것에 모두 ○표 하세요.

(1) 우리 동네에는 자전거 타기 좋은 길이 있습니다. ( )

(2) '나'는 우리 동네에서 분수를 가장 좋아합니다. ( )

(3) 분수는 우리 집 앞에 있습니다. ( )

세부 내용 이해하기

**2** 이 글에서 '나'는 '분수'에 대해 어떻게 생각했는지 쓰세요.

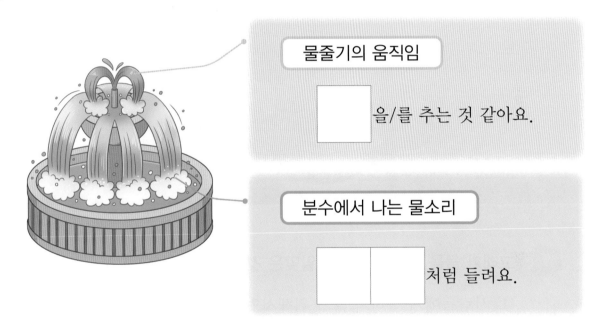

물줄기의 움직임

[ ] 을/를 추는 것 같아요.

분수에서 나는 물소리

[ ][ ] 처럼 들려요.

낱말 뜻 이해하기

**3** 끝말잇기를 하고 있습니다. 빈칸에 들어갈 알맞은 낱말을 쓰세요. (앞 낱말의 끝 나는 글자로 시작하는 낱말을 쓰면 됩니다.)

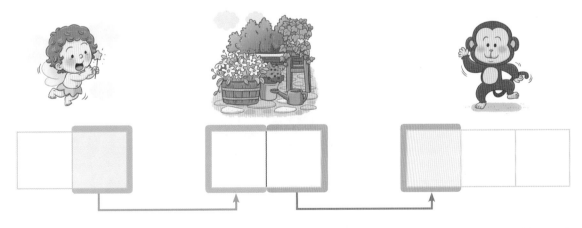

# 고래는 움직이는 분수

잘 듣고 따라 읽어 보세요.

고래는 사람처럼 콧구멍으로 숨을 쉬어요.

고래의 콧구멍은 머리 위에 있어요.

그래서 숨을 쉴 때는 물 위로 올라와요.

그리고 콧구멍으로 물을 분수처럼 내보내면서 숨을 쉬

지요.

**1** 고래가 물을 내뿜는 이유로 알맞은 것에 ○표 하세요.

(1) 사람들에게 잡히지 않기 위해서입니다. (       )
(2) 물 위로 올라가 숨을 쉬기 위해서입니다. (       )

**2 스티커** 스티커에서 🐋를 찾아 알맞은 곳에 붙여서, 물을 내뿜는 고래를 만들어 보세요.

**어휘 살찌우기**

## 재미있는 우리말을 따라 써 봅니다.

**고래고래** 몹시 화가 나거나 다른 사람을 혼낼 때 목소리를 아주 크게 외치는 모양을 나타냅니다.

| 고 | 래 | 고 | 래 |

장난감 코너

고래고래 소리치고 울어도 안 돼.

장난감 사 줘요. 앙~ 앙~.

## 알고 있니?    풍선 인형 분수를 만들어요

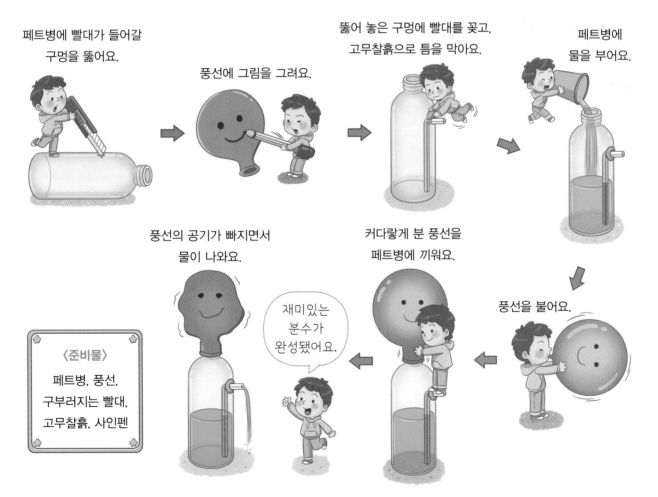

페트병에 빨대가 들어갈 구멍을 뚫어요.

풍선에 그림을 그려요.

뚫어 놓은 구멍에 빨대를 꽂고, 고무찰흙으로 틈을 막아요.

페트병에 물을 부어요.

풍선의 공기가 빠지면서 물이 나와요.

커다랗게 분 풍선을 페트병에 끼워요.

재미있는 분수가 완성됐어요.

풍선을 불어요.

〈준비물〉
페트병, 풍선, 구부러지는 빨대, 고무찰흙, 사인펜

# 누가 파란 구슬을 찾아올까?

**신기한 파란 구슬은 어디에?**

알맞은 그림을 스티커에서 찾아 붙이고, 글자를 따라 써 보세요.

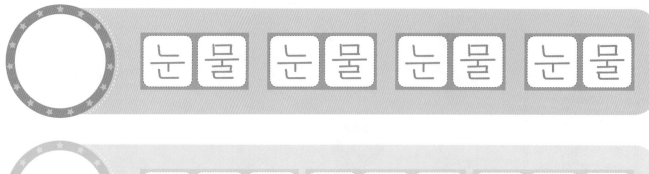

흐리게 쓴 글자는 따라 쓰세요.

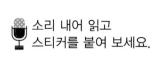

# 누가 파란 구슬을 찾아올까?

옛날, 바닷가에 사는 할아버지가 큰 물고기를 잡았어요.

"할아버지, 저는 바닷속 왕자예요. 제발 살려 주세요."

물고기는 눈물을 뚝뚝 흘리며 빌었어요.

"저를 살려 주시면, 이 파란 구슬을 드릴게요."

할아버지는 울고 있는 물고기를 놓아주었지요.

파란 구슬은 말을 하면 무엇이든 들어주었어요.

할아버지는 파란 구슬을 얻은 후 큰 부자가

되었지요. 하지만 얼마 후, 파란 구슬을 잃어

버렸어요. 그래서 다시 가난해졌어요.

할아버지가 키우던 개와 고양이는 슬퍼하는

할아버지를 위해 구슬을 찾으러 다녔어요.

그리고 마침내 고양이가 파란 구슬을

찾아 집으로 돌아왔답니다.

글의 내용 **이해하기**

**1** 이 글의 내용으로 알맞은 것에 모두 ○표 하세요.

(1) 할아버지는 파란 구슬을 바다에 버렸습니다. ( )

(2) 할아버지는 잡은 물고기를 놓아주었습니다. ( )

(3) 파란 구슬은 말을 하면 무엇이든 들어주었습니다. ( )

글의 내용 **적용하기**

**2** 할아버지는 어떻게 되었을까요? 빈칸에 들어갈 알맞은 말을 쓰세요.

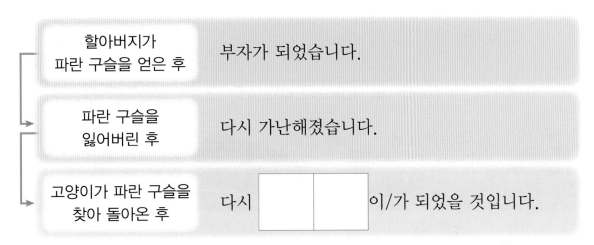

| 할아버지가 파란 구슬을 얻은 후 | 부자가 되었습니다. |
| --- | --- |
| 파란 구슬을 잃어버린 후 | 다시 가난해졌습니다. |
| 고양이가 파란 구슬을 찾아 돌아온 후 | 다시 [ ][ ] 이/가 되었을 것입니다. |

내용 이해하고 **활동하기**

**3** 개와 고양이의 모습을 잘 보고, 같은 모습끼리 줄(–)로 이으세요.

잘 듣고 따라 읽어 보세요.

# 누가 용왕님 약을 구할까?

바닷속 나라를 다스리는 용왕님이 병이 났어요.

용왕님의 병에는 땅에 사는 토끼가 약이래요.

문어와 고래가 깜짝 놀라며 말했어요.

"누가 땅으로 갈 수 있겠어요?"

그때 땅에서도 살 수 있는 거북이 나섰어요.

"제가 토끼를 잡아 오겠습니다. 토끼는 어떻게 생겼는

지 알려 주세요."

**1** 누가 토끼를 잡으러 가기로 하였나요? 알맞은 것에 ○표 하세요.

(      )         (      )         (      )

 **말하기 2** 내가 만약 '토끼'에 대해 설명한다면 뭐라고 말할지, 토끼의 특징에 대해 생각나는 대로 말해 보세요.

 토끼는 깡충깡충 뛰어다녀.

**어휘 살찌우기**

수를 세는 단위를 나타내는 말을 알아보고 따라 써 봅니다.

| 사람 | | |
|---|---|---|
| **명** | | |

| 두 | | 명 |
|---|---|---|

| 물고기 | | |
|---|---|---|
| **마리** | | |

| 두 | | 마 | 리 |
|---|---|---|---|

| 나무 | | |
|---|---|---|
| **그루** | | |

| 두 | | 그 | 루 |
|---|---|---|---|

## ? 알고 있니?  생김새는 비슷해도 성격은 다른 거북과 자라

거북의 등딱지는 전체가 아주 딱딱해요. 그리고 무늬가 있고 울퉁불퉁하지요. 물속에서 살지만 때때로 물 밖으로 나와 엉금엉금 기어 다녀요.

자라의 등딱지는 딱딱하지 않아요. 자라는 알을 낳을 때 말고는 거의 물 밖으로 나오지 않아요.

거북은 이빨이 없어요. 순해서 만지면 등딱지 속으로 몸을 숨겨요. 하지만 자라는 사납고 이빨이 있어서 만지면 물어요. 물렸을 때는 흔들지 말고 물속에 넣으면 입을 벌린답니다.

나 건드리지 마!

# 소풍 가는 길

산으로 들로 놀러 가요!

그럼 그럼.
아주 맛있는 도토리를
준비했단다.

엄마, 내일 소풍 가요.
맛있는 거 많이 싸 주세요.

엄마, 나도 내일
언니 따라 갈래요.

 알맞은 그림을 스티커에서 찾아 붙이고, 글자를 따라 써 보세요.

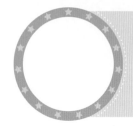

소 풍  소 풍  소 풍  소 풍

다 람 쥐  다 람 쥐  다 람 쥐

흐리게 쓴 글자는 따라 쓰세요.

시냇물 시냇물 시냇물

징검다리 징검다리

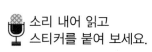
소리 내어 읽고
스티커를 붙여 보세요.

잘 듣고 따라
읽어 보세요.

# 소풍 가는 길

아기 다람쥐들이 소풍을 가요.

노래를 부르며 아름다운 숲길을 걸어가요.

졸졸 흐르는 시냇물이 나왔어요.

옷이 젖을까 걱정하지 말아요.

도토리가 든 가방이 젖을까 걱정하지 말아요.

마음씨 착한 곰 아저씨가 만들어 준 징검다리가 있어요.

줄을 서서 천천히 징검다리를 건너요.

이제 숲에서 제일 큰 나무만 지나면 도착이에요.

친구들과 놀이도 하고 맛있는 도토리도 먹을 거예요.

글의 내용　이해하기

**1** 이 글의 내용으로 알맞은 것에 모두 ○표 하세요.

(1) 아기 다람쥐들은 소풍을 가고 있습니다. 　　　　　　　　(　　　　)

(2) 아기 다람쥐들의 가방에는 사과가 들어 있습니다. 　　　　(　　　　)

(3) 시냇물에 놓인 징검다리는 곰 아저씨가 만들어 주었습니다. (　　　　)

세부 내용　이해하기

**2** 빈칸에 들어갈 알맞은 말을 이 글에서 찾아 쓰세요.

내용 이해하고　활동하기

**3** 아기 다람쥐들이 먹으려고 꺼낸 것에 ○표 하고, 무엇인지 쓰세요.

 잘 듣고 따라
읽어 보세요.

# 두 마리 염소

통나무 다리 한가운데에서 염소 두 마리가 만났어요.

다리가 좁아서 두 마리 염소는 나란히 건널 수 없었어요.

"내가 먼저 왔어. 비켜." / "아니야. 내가 먼저 왔다고."

염소 두 마리는 서로 싸웠어요.

그러다 다리 아래로 떨어져 두 마리 모두 물에 빠졌어요.

**1** 염소 두 마리가 물에 빠진 까닭으로 알맞은 것에 ○표 하세요.

(1) 서로 먼저 다리를 건너려고 싸웠기 때문입니다. (          )

(2) 통나무 다리가 부러져 있었기 때문입니다. (          )

 **말하기 2** 두 마리의 염소가 물에 빠지지 않고 다리를 건널 수 있는 방법은 무엇일지 말해 보세요.

 둘이 힘을 합해 통나무를 하나 더 놓으면 두 마리가 같이 건널 수 있습니다.

**어휘 살찌우기**

## 글자는 같고 뜻이 다른 낱말을 따라 써 봅니다.

다리가 있어서 물을 건널 수 있어.

다 리

### 다리

물 등을 건너갈 수 있게 만든 '다리'가 있고, 사람이나 동물 등이 서 있거나 걷는 일을 하는 '다리'가 있습니다.

다리가 짧아도 잘 달릴 수 있어.

다 리

 **알고 있니?** 　　다람쥐야? 청설모야?

안녕, 너는 누구니?

나는 다람쥐야. 나는 도토리를 좋아해.

반가워, 다람쥐야. 또 만났네.

어, 난 다람쥐가 아니야. 청설모야.

누가 다람쥐고, 누가 청설모야?

나는 청설모, 몸에 줄무늬가 없지.

나는 다람쥐, 몸에 줄무늬가 있어.

이제 우리가 누구인지 맞춰 봐.

그럼, 너는 다람쥐.

그럼, 너는 청설모.

# 이런 물건이 있다면?

**반짝반짝 떠오르는 생각!**

 **스티커** 알맞은 그림을 스티커에서 찾아 붙이고, 글자를 따라 써 보세요.

연필 연필 연필 연필

지우개 지우개 지우개

흐리게 쓴 글자는 따라 쓰세요.

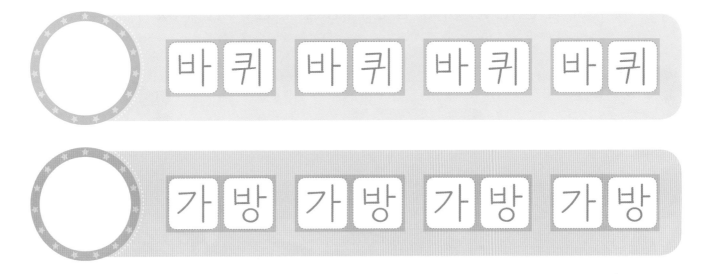

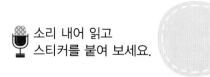

소리 내어 읽고
스티커를 붙여 보세요.

# 이런 물건이 있다면?

연필로 글씨를 쓰다가 틀렸어요.

다시 고쳐 써야 하는데, 지우개가 보이지 않아요.

'연필에 지우개가 달려 있으면 좋을 텐데.'

친구 집에 놀러 가려고 해요.

친구와 책도 같이 읽고, 그림도 그리고 싶어요.

그래서 가방에 책을 넣었어요. 조금 많이요. 그림 그릴 색연필

도 넣었구요. 그랬더니 가방이 무거워졌어요.

'가방에 바퀴가 달려 있다면, 끌고 가면 될 텐데.'

그런데 나만 이런 생각을 한 게 아니었나 봐요.

지우개 달린 연필, 바퀴 달린 가방을 만든 사람이 있더라고요.

 글의 내용 **이해하기**

**1** 이 글의 내용으로 알맞은 것에 모두 ○표 하세요.

(1) 연필로 글씨를 쓰다가 틀렸습니다.   (       )

(2) 가방에는 인형과 색연필을 넣었습니다.   (       )

(3) 바퀴 달린 가방을 만든 사람이 있었습니다.   (       )

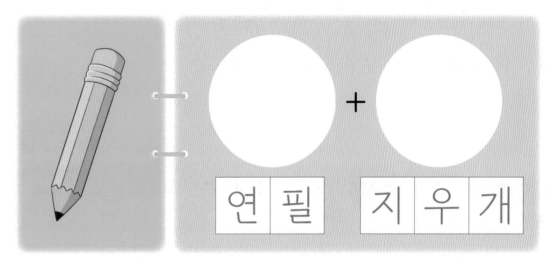 세부 내용 **이해하기**

**2**
**스티커** 다음 물건은 어떤 것이 합쳐져서 만들어졌는지, 스티커를 붙이고 따라 써 보세요.

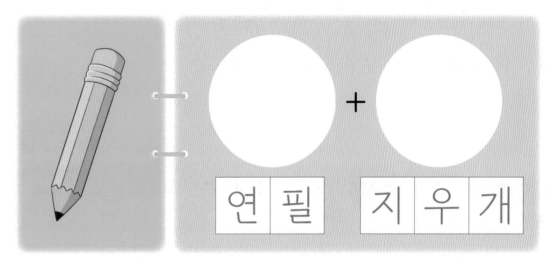

| 연 | 필 | 지 | 우 | 개 |

내용 이해하고 **활동하기**

**3** 동생이 지우개로 그림을 조금 지웠습니다. 지워진 부분을 다시 그려 보세요.

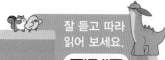

잘 듣고 따라
읽어 보세요.

# 스마트폰 세상

우리 아빠 어릴 적에는요.

걸어다니면서 전화를 할 수 없었고요.

사진을 찍으려면 꼭 사진기가 있어야 했대요.

그런데 지금은 스마트폰만 있으면요.

집 밖에서도 전화를 걸 수 있고, 사진도 찍을 수 있어요.

재미있는 만화 영화도 볼 수 있고요.

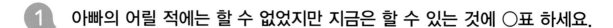

**1** 아빠의 어릴 적에는 할 수 없었지만 지금은 할 수 있는 것에 ○표 하세요.

(1) 사진기가 없으면 사진을 찍을 수 없습니다. (　　　)

(2) 공원에 앉아서 멀리 있는 사람과 전화를 할 수 있습니다. (　　　)

말하기
**2** 스마트폰으로 해 본 것을 말해 보세요.

내가 만든 눈사람을 찍었습니다.

어휘 살찌우기

우리가 쓰는 물건 중 외래어로 된 것을 따라 써 봅니다.

자, 예쁘게 사진 찍자.

할머니, 엄마랑 내일 갈게요.

나도 텔레비전에 나오면 얼마나 좋을까?

스 마 트 폰

텔 레 비 전

 알고 있니?　　양치기 소년의 반짝이는 생각으로 만들어진 철조망

이리 와. 거기로 가면 안 된다고.

양들이 또 울타리를 넘어왔네. 저리 가, 이 녀석들아.

여기로는 한 마리도 넘어가지 않네.

양들도 나처럼 장미 가시를 싫어하는구나.

아버지, 철사에 가시를 만들어 주세요.

그럼 양들이 울타리를 넘지 않을 거라고?

정말 양들이 울타리를 넘지 않네.

네네.

우리에게도 철조망 주세요.

# 우리나라

자랑스러운 내 나라.

여름에는 푸른 바다가 좋아.

나는 여름보다 흰 눈이 내리는 겨울이 좋아.

---

 **알맞은 그림을 스티커에서 찾아 붙이고, 글자를 따라 써 보세요.**

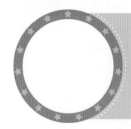  여름 여름 여름 여름

 겨울 겨울 겨울 겨울

흐리게 쓴 글자는 따라 쓰세요.

태극기 태극기 태극기

무궁화 무궁화 무궁화

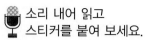소리 내어 읽고
스티커를 붙여 보세요.

잘 듣고 따라
읽어 보세요.

# 우리나라

우리나라는 봄, 여름, 가을, 겨울이 있어요.

봄은 햇빛이 따뜻하고요.

여름에는 바다에서 수영도 할 수 있고요.

가을에는 나뭇잎들이 노랗게, 빨갛게 물들어요.

겨울에는 하얀 눈도 볼 수 있어요.

우리나라를 나타내는 깃발은 태극기예요. 가운데 빨강, 파랑

으로 된 동그라미 모양이 있어요.

우리나라 꽃은 무궁화예요. 무궁화는 피고 또 피어서 지지 않

는 꽃이라는 뜻이래요.

저는 우리나라에 대해 더 많이 알고 싶어요.

글의 내용 이해하기

**1** 이 글의 내용으로 알맞은 것에 모두 ○표 하세요.

(1) 우리나라 꽃은 무궁화입니다. ( )

(2) 우리나라는 봄, 여름, 가을, 겨울이 있습니다. ( )

(3) 무궁화는 향기가 멀리 퍼진다는 뜻을 갖고 있습니다. ( )

내용 이해하고 활동하기

**2** 우리나라 국기를 색칠하고, 무엇이라고 부르는지 이름을 쓰세요.

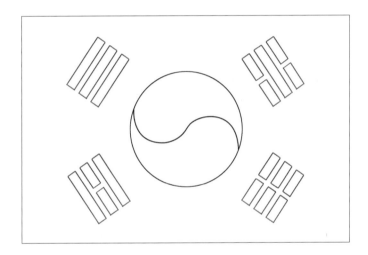

배경지식 활용하여 추론하기

**3** 다음 그림은 어느 계절을 나타내고 있는지 쓰세요.

# 제주도

섬은 바다로 둘러싸인 곳이에요.

우리나라에서 가장 큰 섬은 어디일까요?

그건 우리나라 남쪽에 있는 제주도예요.

제주도에는 우리나라에서 제일 높은 한라산이 있어요.

돌로 만든 할아버지, 돌하르방도 있고요.

**1** 제주도에 대한 설명으로 알맞은 것에 ○표 하세요.

(1) 제주도는 우리나라 동쪽 끝에 있습니다. ( )

(2) 제주도는 우리나라에서 가장 큰 섬입니다. ( )

**2** 제주도에 있는 다음 두 가지는 무엇인지 쓰세요.

**어휘 살찌우기**

세계 지도에서 우리나라를 찾아보고, 우리나라 이름을 써 봅니다.

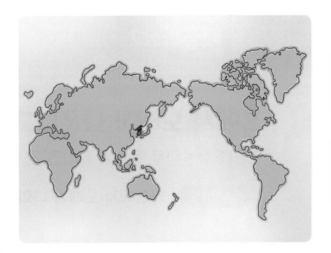

| 대 | 한 | 민 | 국 |
|---|---|---|---|
| 대 | 한 | 민 | 국 |

**알고 있니?**  화산은 어떻게 만들어졌지?

땅이 갈라지면서 생긴 구멍 아래 뭐가 있을까?

땅속에서 끓고 있는 너는 누구니?

나는 땅속에 있는 마그마야. 나는 엄청 뜨거워.

나는 이 안에서 부글거리고 있어. 그러다 참을 수 없을 때는 폭발해.

나 나갈래!

앗, 뜨거워. 피해야지.

화산이 폭발하면 뜨거운 용암이 흘러내려.

너 이제 움직이지 못해?

뜨거운 용암은 흐르다가 서서히 식어서 새로운 땅, 화산을 만들어.

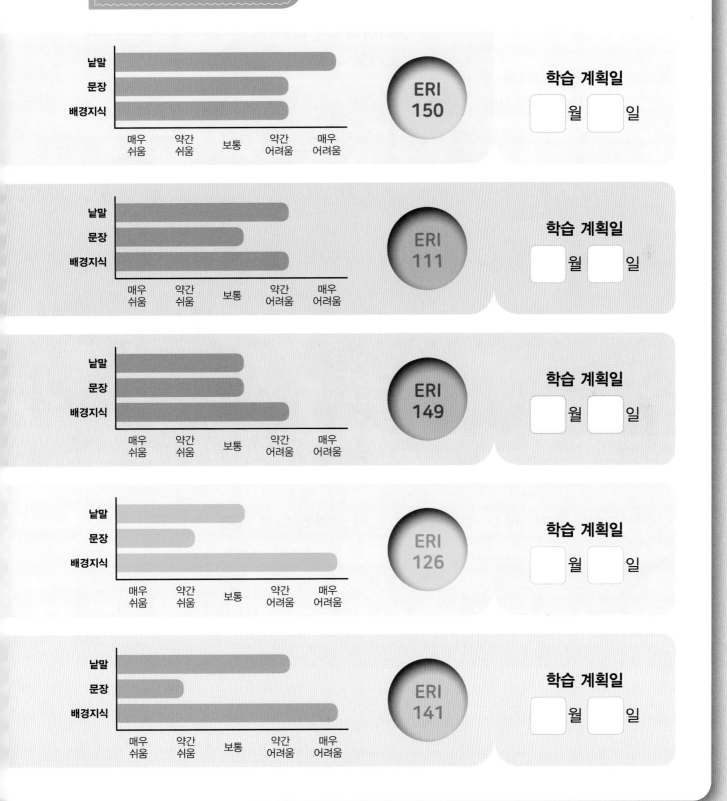

낱말
문장
배경지식

매우 쉬움　약간 쉬움　보통　약간 어려움　매우 어려움

ERI 150

학습 계획일
□ 월 □ 일

낱말
문장
배경지식

매우 쉬움　약간 쉬움　보통　약간 어려움　매우 어려움

ERI 111

학습 계획일
□ 월 □ 일

낱말
문장
배경지식

매우 쉬움　약간 쉬움　보통　약간 어려움　매우 어려움

ERI 149

학습 계획일
□ 월 □ 일

낱말
문장
배경지식

매우 쉬움　약간 쉬움　보통　약간 어려움　매우 어려움

ERI 126

학습 계획일
□ 월 □ 일

낱말
문장
배경지식

매우 쉬움　약간 쉬움　보통　약간 어려움　매우 어려움

ERI 141

학습 계획일
□ 월 □ 일

# 혹에서 노래가 나온다고?

너무 **욕심을** 부리면 안 돼!

 알맞은 그림을 스티커에서 찾아 붙이고, 글자를 따라 써 보세요.

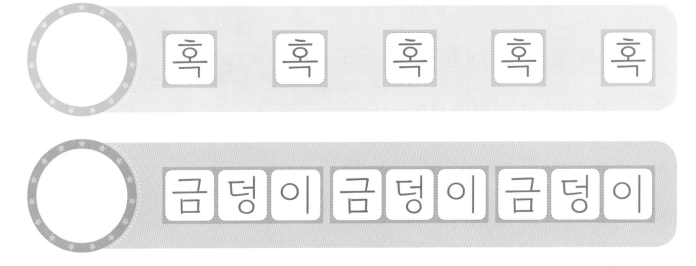 

흐리게 쓴 글자는 따라 쓰세요.

혹 혹 혹 혹 혹

금덩이 금덩이 금덩이

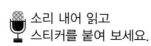
소리 내어 읽고
스티커를 붙여 보세요.

잘 듣고 따라
읽어 보세요.

# 혹에서 노래가 나온다고?

옛날에 얼굴에 큰 혹이 달린 할아버지가 살았어요.

어느 날, 산속에서 도깨비들을 만난 할아버지는 무서워서 노래를 불렀어요. 도깨비들은 할아버지의 혹에서 노래가 나온다고 생각했어요. 그래서 금덩이를 많이 주고 할아버지의 혹을 가져갔어요. 할아버지는 혹도 없어지고 부자가 되었지요.

이웃 마을에도 혹이 달린 할머니가 살고 있었어요. 할머니는 할아버지처럼 혹도 없애고 부자가 되고 싶었어요. 그래서 도깨비들을 찾아가 노래를 불러 주며 말했어요.

"얼굴에 달린 이 혹을 사 가시오."

그러자 도깨비들은 말했어요.

"이제 안 속아. ㉠할아버지 혹도 필요 없으니 가져가시오."

할머니는 할아버지의 혹까지 달고 돌아왔어요.

### 글의 내용 이해하기

**1** 이 글의 내용으로 알맞은 것에 모두 ○표 하세요.

(1) 할아버지는 도깨비들과 함께 사이좋게 살았습니다. ( )
(2) 할아버지는 도깨비가 무서워서 노래를 불렀습니다. ( )
(3) 할머니는 스스로 도깨비들을 찾아갔습니다. ( )

### 세부 내용 이해하기

**2** 다음 빈칸에 들어갈 알맞은 말을 이 글에서 찾아 쓰세요.

(1)
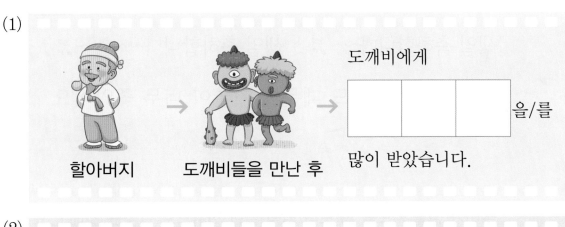

할아버지 → 도깨비들을 만난 후 → 도깨비에게 [ ][ ][ ] 을/를 많이 받았습니다.

(2)

할머니 → 도깨비들을 만난 후 → 도깨비에게 [ ] 하나를 받았습니다.

### 내용 이해하고 추론하기

**3** 도깨비들이 ㉠처럼 말한 까닭은 무엇일까요? 빈칸에 들어갈 알맞은 말을 쓰세요.

혹에서 [ ][ ] 이/가 나오는 게 아니라는 걸 알게 되었기 때문입니다.

# 카드에서 노래가 나와요

"사랑하는 똘이야, 생일 축하해!"

엄마가 케이크와 함께 예쁜 카드를 주셨어요.

그런데 카드를 펴 보다 깜짝 놀랐어요.

카드에서 노래가 흘러나왔거든요.

"생일 축하합니다~~♬♪ 생일 축하합니다~~ ~~♬♪~~"

똘이는 신기한 카드 때문에 기분이 너무 좋았어요.

---

**1** 똘이가 생일 카드를 펴 보다 깜짝 놀란 까닭으로 알맞은 것에 ○표 하세요.

(1) 생일 카드에서 생일 축하 노래가 흘러나와서　　　　　（　　　　）

(2) 생일 카드에 맛있는 케이크 그림이 그려져 있어서　　　　（　　　　）

**말하기 2** 생일 선물을 받은 똘이가 엄마에게 뭐라고 했을까요? 자유롭게 말해 보세요.

 엄마, 제가 좋아하는 케이크를 사 주셔서 정말 감사해요. 맛있게 먹을게요.

**어휘 살찌우기**

## 쓰임이 비슷한 낱말을 따라 써 봅니다.

욕심이 많은 사람을 욕심쟁이, 욕심꾸러기라고 해.

| 욕 | 심 | 쟁 | 이 |
|---|---|---|---|
| 욕 | 심 | 꾸 | 러 | 기 |

문제를 많이 일으키는 사람을 말썽쟁이, 말썽꾸러기라고 해.

| 말 | 썽 | 쟁 | 이 |
|---|---|---|---|
| 말 | 썽 | 꾸 | 러 | 기 |

장난이 심한 아이를 개구쟁이, 장난꾸러기라고 해.

| 개 | 구 | 쟁 | 이 |
|---|---|---|---|
| 장 | 난 | 꾸 | 러 | 기 |

### 알고 있니?   도깨비방망이는 요술 방망이!

우리나라 옛날이야기에는 도깨비가 자주 나옵니다.

이 도깨비가 가지고 다닌다는 방망이를 도깨비방망이라고 하는데요.

이야기 속에서 도깨비방망이는 무엇이든 소원을 말하면

이루어지게 하는 요술 방망이에요.

"돈 나와라 뚝딱!" 하면 돈이 나오고,

"밥 나와라 뚝딱!" 하면 밥이 나온대요.

신기한 도깨비방망이가 실제로 있다면 얼마나 좋을까요?

우리도 한번 소원을 말해 볼까요?

# 내 친구 꼬마 눈사람

추운 겨울이라도 우리는 신나요.

산타 할아버지가 무슨 선물을 주실까?

어서어서 토끼 눈사람을 만들자.

 **스티커** 알맞은 그림을 스티커에서 찾아 붙이고, 글자를 따라 써 보세요.

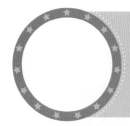

| 발 | 자 | 국 | 발 | 자 | 국 | 발 | 자 | 국 |

| 눈 | 사 | 람 | 눈 | 사 | 람 | 눈 | 사 | 람 |

흐리게 쓴 글자는 따라 쓰세요.

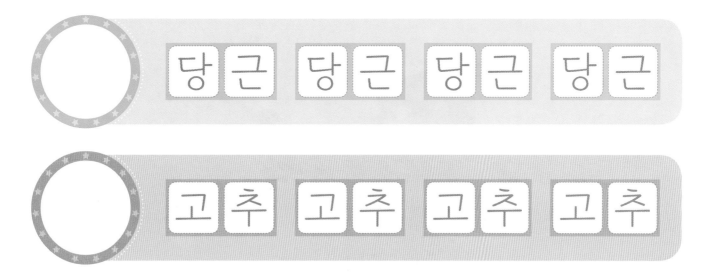

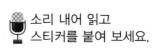
소리 내어 읽고
스티커를 붙여 보세요.

잘 듣고 따라
읽어 보세요.

# 내 친구 꼬마 눈사람

밤사이 ㉠눈이 내렸어요.

온 세상이 모두 하얗게 변했네요.

신이 난 아이들이 눈 위에 발자국을 만들어요.

떼굴떼굴 눈을 굴리며 눈사람도 만드네요.

나뭇가지를 꺾어 손을 만들고

작은 돌을 주워서 ㉡눈을 만들었어요.

아하! 코는 당근으로 만들었네요.

입은 빨간 고추로 만들었고요.

오늘부터 꼬마 눈사람도 친구가 되었어요.

### 글의 내용  이해하기

**1**  이 글의 내용으로 알맞은 것에 모두 ○표 하세요.

(1) 아이들은 눈사람을 만들었습니다.  (　　　　)
(2) 눈이 와서 아이들은 신이 났습니다.  (　　　　)
(3) 아이들은 눈을 굴려 눈싸움을 하였습니다.  (　　　　)

### 낱말 뜻  이해하기

**2**  ㉠의 '눈'과 ㉡의 '눈'이 뜻하는 그림을 찾아 알맞게 줄(−)로 이으세요.

(1) ㉠ 눈 •

(2) ㉡ 눈 •

### 글의 내용  적용하기

**3**  다음 빈칸에 들어갈 알맞은 말을 이 글에서 찾아 쓰세요.

(1)
아이들은 신나게 눈 위를 뛰어다녔어요. 그러자 아이들이 만든

|  |  |  |
|---|---|---|

이/가 따라가네요.

(2)
아이들은 자기들이 만든 꼬마

|  |  |  |
|---|---|---|

을/를 친구라

고 생각했어요.

# 추워도 좋아요

친구들이 함께 놀자고 해요.

그런데 겨울은 너무 추워요.

그래서 두꺼운 옷을 입고 털모자를 썼어요.

털장갑도 끼고 목도리도 했어요.

친구들도 나도 모두 뚱뚱이 아기 곰이 되었네요.

그래도 좋아요. 우리는 신나게 놀았거든요.

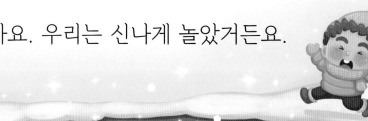

**1** 추운 겨울에 필요한 것을 모두 찾아 ○표 하세요.

(1) 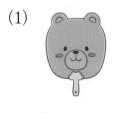  (2)   (3)   (4)

(     )    (     )    (     )    (     )

 말하기 **2** 겨울은 너무 춥지만 그래도 겨울이 좋은 까닭은 무엇인지 여러분의 생각을 자유롭게 말해 보세요.

 눈이 오면 친구들과 눈싸움을 할 수 있어서 좋아요.

**어휘 살찌우기**

'눈'과 관련 있는 낱말을 알아보고 따라 써 봅니다.

하늘에서 내리는 '눈'과 낱말을 합쳐 만든 낱말입니다.

| 눈 | 꽃 | | 눈 | 싸 | 움 | | 눈 | 썰 | 매 |

얼굴에 있는 '눈'과 낱말을 합쳐 만든 낱말입니다.

| 눈 | 물 | | 눈 | 병 | | 눈 | 웃 | 음 |

---

 **알고 있니?**  **2단 눈사람, 3단 눈사람 누가 더 귀여울까요?**

눈으로 만든 눈사람은 보기만 해도 귀엽지요?

우리는 눈사람을 만들 때 먼저 동그랗게 두 개의 눈덩이를 만들지요.

그리고 작은 눈덩이를 위에, 큰 눈덩이를 아래에 둡니다.

위는 머리, 아래는 몸이 되는 거지요.

그런데 어떤 나라에서는 눈사람을 만들 때

세 개의 눈덩이로 만들기도 해요.

눈사람에게 다리도 만들어 주고 싶었나 봐요.

닮은 거 같으면서 다른 눈사람,

둘 다 예쁘고 귀엽지요?

# 똑같아요

어티 어티가 닮았나?

 알맞은 그림을 스티커에서 찾아 붙이고, 글자를 따라 써 보세요.

흐리게 쓴 글자는 따라 쓰세요.

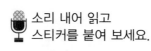
소리 내어 읽고 스티커를 붙여 보세요.

잘 듣고 따라 읽어 보세요.

# 똑같아요

우리 동네에는 붕어빵 가게가 있어요.

붕어빵 속에는 달콤한 팥이 들어 있어요.

그런데 붕어빵은 모두 똑같은 모양을 하고 있어요.

'붕어빵처럼 모양이 똑같은 것을 찾아볼까?'

식탁 위에 젓가락 두 짝도 똑같아요.

따뜻한 장갑 두 짝도 똑같아요.

양말 두 짝도 똑같아요.

내 동생 두 명도 똑같아요.

"헤헤, 쌍둥이거든요."

글의 내용 **이해하기**

**1** 이 글의 내용으로 알맞은 것에 모두 ○표 하세요.

(1) 우리 동네에는 장난감 가게가 있습니다. ( )

(2) 붕어빵은 모두 모양이 똑같습니다. ( )

(3) 내 동생 두 명은 쌍둥이입니다. ( )

글의 내용 **적용하기**

**2** 붕어빵처럼 똑같이 생긴 것에는 무엇이 있다고 했는지 이 글에서 찾아 쓰세요.

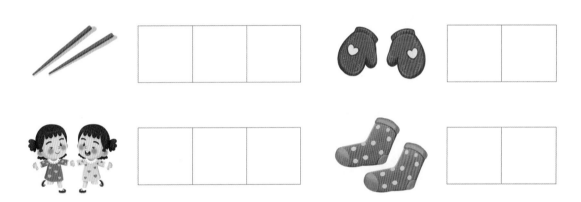

내용 이해하고 **활동하기**

**3** 두 개의 그림은 무엇이 다를까요? 다른 곳을 찾아 ○표 하세요. (다른 곳은 5군데 입니다.)

잘 듣고 따라 읽어 보세요.

# 욕심 많은 강아지

고기를 물고 가던 강아지가 있었어요.

강아지는 시냇물에 놓인 다리를 건너다가 아래를 보았어요.

시냇물에는 고기를 물고 쳐다보는 강아지가 있었어요.

"그 고기 나 줘!"

그러다 물고 있던 고기를 떨어뜨렸어요.

물속의 강아지도 고기를 떨어뜨렸어요.

물속의 강아지는 물에 비친 자기였던 거예요.

**1** 욕심 많은 강아지에게 일어난 일에 ○표 하세요.

(1) 물에 비친 강아지와 놀고 싶었습니다.             (       )

(2) 입에 물고 있던 고기를 떨어뜨렸습니다.         (       )

**2** 거울에 비춰지는 동물들의 앞모습은 어떻게 생겼을지 스티커에서 찾아 붙여 보세요.

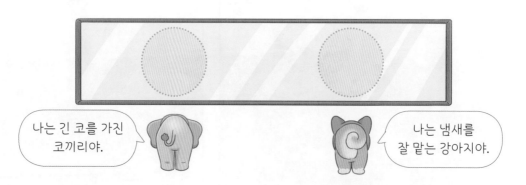

나는 긴 코를 가진 코끼리야.

나는 냄새를 잘 맡는 강아지야.

**어휘 살찌우기**

'똑같다'와 '닮았다'의 뜻을 정확히 알고 따라 써 봅니다.

두 마리의 곰 인형이 똑같이 생겼어요.

| 똑 | 같 | 아 | 요 |
|---|---|---|---|

해바라기 꽃은 하늘에 떠 있는 해를 닮았어요.

| 닮 | 았 | 어 | 요 |
|---|---|---|---|

## 알고 있니?   모양을 본떠서 만든 글자

# 세상이 변하고 있어요

로봇과 친구가 될 수 있을까?

 알맞은 그림을 스티커에서 찾아 붙이고, 글자를 따라 써 보세요.

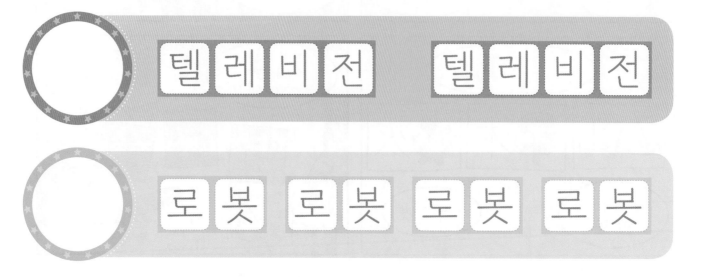

흐리게 쓴 글자는 따라 쓰세요.

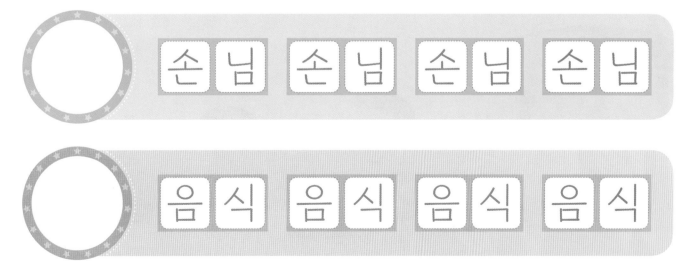

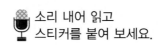
소리 내어 읽고
스티커를 붙여 보세요.

잘 듣고 따라
읽어 보세요.

# 세상이 변하고 있어요

엄마와 텔레비전을 보다가 깜짝 놀랐어요.

로봇이 손님에게 물건을 파는 거예요!

그리고 손님에게 음식도 가져다주고요.

그리고 더 놀라운 거는 뭔지 아세요?

텔레비전에 나오는 예쁜 언니가 사실은 사람이 아니래요.

실제로는 없고, 사람처럼 만들어진 언니래요.

앞으로는 로봇이 우리와 함께 사는 세상이 올 거래요.

그건 어떤 세상일까요? 멋진 세상일까요? 정말 궁금해요.

글의 내용    이해하기

**1** 이 글의 내용으로 알맞은 것에 모두 ○표 하세요.

(1) 아빠와 둘이서 텔레비전을 보았습니다.    (     )
(2) 텔레비전에서 로봇이 물건을 파는 것을 보았습니다.    (     )
(3) 앞으로는 로봇과 함께 사는 세상이 올 거라고 합니다.    (     )

세부 내용    이해하기

**2** 이 글에서 로봇이 사람 대신 어떤 일들을 한다고 했는지 맞는 것에 모두 ○표
하세요.

물건 팔기
(        )

음식 가져다주기
(        )

요리하기
(        )

내용 이해하고    활동하기

**3** 빈칸에 들어갈 알맞은 말을 이 글에서 찾아 쓰세요.

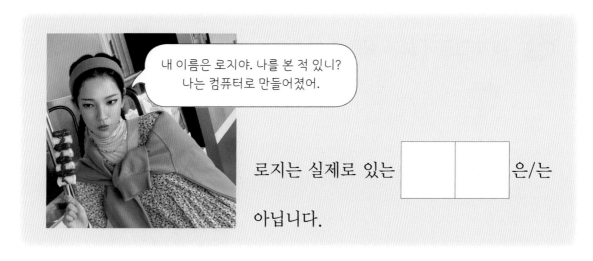

내 이름은 로지야. 나를 본 적 있니?
나는 컴퓨터로 만들어졌어.

로지는 실제로 있는 [  ][  ] 은/는

아닙니다.

# 이곳은 어디일까요?

실제로 있는 곳은 아니에요.

그런데 실제로 있는 것처럼 보이는 곳이에요.

이런 곳을 좀 어려운 말로 가상 공간이라고 해요.

가상 공간에서는 친구도 만날 수 있어요.

저는 동물들이 사는 가상 공간을 만들고 싶어요.

그래서 친구들이 그곳으로 놀러 오게 하고 싶거든요.

**1** 가상 공간에 대한 설명으로 알맞은 것에 ○표 하세요.

(1) 가상 공간은 실제로 있는 곳입니다. ( )

(2) 가상 공간에서는 친구도 만날 수 있습니다. ( )

말하기 **2** 내가 만들어 보고 싶은 가상 공간은 어떤 공간인지 말해 보세요.

친구들과 신나게 놀 수 있는 놀이동산을 만들어 보고 싶어요.

흐리게 쓴 글자는 따라 쓰세요.

빗방울 빗방울 빗방울

지렁이 지렁이 지렁이

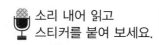
소리 내어 읽고
스티커를 붙여 보세요.

# 비 오는 날

비가 내려요. 언니와 나는 밖으로 나갔어요.

노란 우산을 쓰고, 장화도 신었어요.

우산 위로 비가 떨어져요.

떨어지는 빗소리는 노래 같아요.

땅 위에는 지렁이가 기어 다녀요.

흙 속에 사는 지렁이는, 비가 오면 어디선가 나타나요.

비가 오면 땅속이 물로 가득 차요.

그래서 숨을 쉬기 위해 땅 위로 나오는 거래요.

글의 내용 **이해하기**

**1** 이 글의 내용으로 알맞은 것에 모두 ○표 하세요.

(1) 나는 노란 우산을 썼습니다.  ( )

(2) 지렁이는 흙 속에 살고, 기어 다닙니다.  ( )

(3) 비가 오면 지렁이는 땅속으로 들어갑니다.  ( )

글의 내용 **적용하기**

**2** 다음을 보면 이 글의 '나'는 여자일까요? 남자일까요? 알맞은 것에 ○표 하세요.

언니와 나는 밖으로 나갔어요.

( )  ( )

**내용 이해하고** **활동하기**

**3** 지렁이가 굴속에 똥을 누면 길이 막혀서 다니기 힘들어요. 똥이 마려운 지렁이가 똥을 누러 나갈 길을 찾아 주세요.

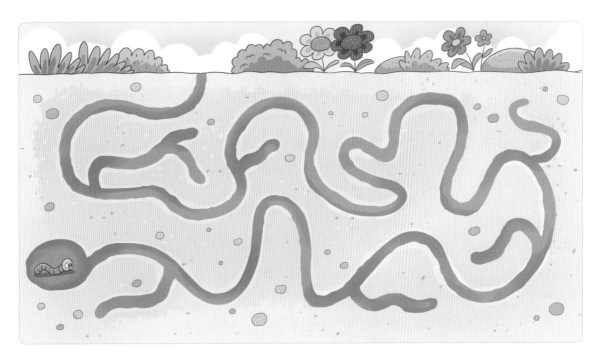

# 내 친구, 천둥과 번개

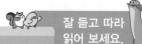

안녕, 나는 구름이 데려온 비야.

그런데 구름끼리 꽝 부딪히면 내 친구들이 나타나.

우르르 쾅쾅! 소리를 내는 건 내 친구, 천둥.

번쩍번쩍! 빛이 나는 건 내 친구, 번개.

천둥과 번개는 나를 좋아해.

**1** 다음 빈칸에 들어갈 알맞은 말을 쓰세요.

구름끼리 부딪히면 비의 친구 번개와 ☐☐ 이/가 나타납니다.

**말하기 2** 나의 친한 친구에 대해 말해 보세요.

내 친구는 강아지예요. 꼬리를 흔들며 나와 잘 놀아 줘요.

**어휘 살찌우기**

## 하늘에서 내리는 '비'의 변신을 알아보고 따라 써 봅니다.

겨울에 나는 눈이 되어 내려와.

눈

높은 곳에서 찬 공기와 만나면 나는 비가 되어 내려와.

비

나는 내려오다가 찬 공기와 만나면 우박이 되어 내려와.

우박

## 알고 있니?  지렁이는 알에서 나와요

쌀알 크기만 한 이건 뭐예요?

이건 지렁이 알이란다.

아들아, 이리 와 봐. 알에서 지렁이가 나오고 있지?

와, 신기해요.

꿈틀~

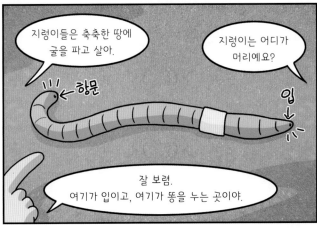

지렁이들은 축축한 땅에 굴을 파고 살아.

지렁이는 어디가 머리예요?

←항문

입

잘 보렴. 여기가 입이고, 여기가 똥을 누는 곳이야.

지렁이는 열심히 땅속을 파고 다니지. 그래서 지렁이가 사는 땅은 푹신푹신하고 영양분이 많단다.

그래서 식물들이 잘 자라는군요. 지렁이야, 고마워.

## 확인증

이름

위 어린이는

ERI 독해가 문해력이다 P단계 과정을

모두 마쳤습니다.

이에 학습을 마쳤다는 확인증을 드립니다.

스티커를
붙이세요.

다음 ERI 독해가 문해력이다 1단계 기본에서
다시 만나요~~

# 부 록

이야기카드 — 받아쓰기

ERI 독해가
**문해력이다**
P단계

## 짧은 이야기만 모은 이야기카드!

이야기카드에서 학습한 짧은 이야기 글을 놀이로 즐기면서 복습해 보세요. 부모님과 함께 해도 되고, 친구끼리 해도 좋습니다.

### 활용법

• 절취선을 따라 이야기카드를 잘라 주세요.

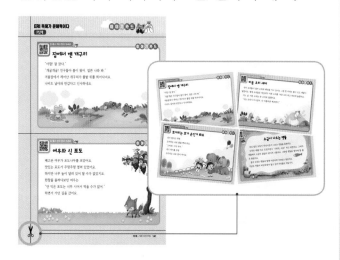

• 고리로 연결하여 가지고 다니면서 QR코드를 듣고 소리내어 따라 읽는 연습을 합니다.
• 이야기 글에 누가 나오는지, 누가 무엇을 했는지, 무엇에 대한 이야기인지 등을 물어보고 답을 말해 보도록 합니다.

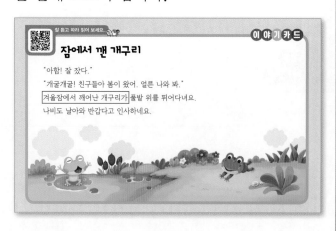

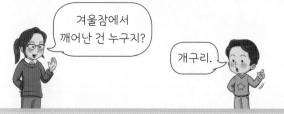

## 3단계 받아쓰기

를 잘 듣고 단계별 받아쓰기를 합니다.

3단계 구성으로 올바른 맞춤법과 듣기에 집중하여 낱말을 완성하는 훈련을 하게 합니다.

**1단계 맞는 글자 찾기** 들려주는 낱말을 잘 듣고 바르게 쓴 낱말을 찾는 코너입니다.

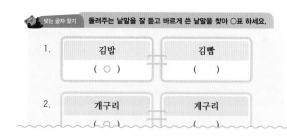

**2단계 글자 완성** 낱말의 기본 자음자와 모음자를 보여 주고 어려운 자음자, 모음자, 받침을 채우는 코너입니다.

**3단계 낱말 완성** 들려주는 낱말을 잘 듣고 낱말을 받아쓰는 코너입니다.

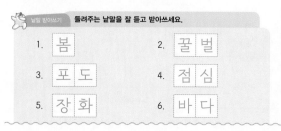

잘 듣고 따라 읽어 보세요.

이 야 기 카 드

# 잠에서 깬 개구리

"아함! 잘 잤다."

"개굴개굴! 친구들아 봄이 왔어. 얼른 나와 봐."

겨울잠에서 깨어난 개구리가 풀밭 위를 뛰어다녀요.

나비도 날아와 반갑다고 인사하네요.

잘 듣고 따라 읽어 보세요.

이 야 기 카 드

# 여우와 신 포도

배고픈 여우가 포도나무를 보았어요.

맛있는 포도가 주렁주렁 열려 있었어요.

하지만 너무 높이 달려 있어 딸 수가 없었지요.

한참을 올려다보던 여우는

"안 익은 포도는 너무 시어서 먹을 수가 없어."

하면서 가던 길을 갔어요.

이 야 기 카 드

이 야 기 카 드

잘 듣고 따라 읽어 보세요.

# 미운 오리 새끼

새끼 오리들이 엄마 오리와 헤엄을 치고 있어요. 그중 한 마리는 몸이 크고 색깔이 달랐어요. 형제 오리들은 생김새가 다른 오리를 '미운 오리'라고 부르며 놀렸어요.

어느 날, 미운 오리는 큰 소리로 말했어요.

"나는 오리가 아니었어. 난 아름다운 백조였어!"

잘 듣고 따라 읽어 보세요.

이 야 기 카 드

# 내가 최고야

다섯 손가락이 서로 자기가 최고라고 말하고 있어요.
그러다 손바닥의 말을 듣고 사이좋게 지내기로 했어요.

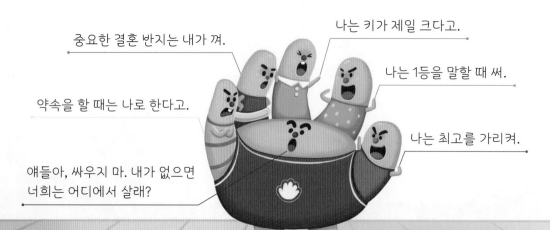

중요한 결혼 반지는 내가 껴.

나는 키가 제일 크다고.

약속을 할 때는 나로 한다고.

나는 1등을 말할 때 써.

나는 최고를 가리켜.

얘들아, 싸우지 마. 내가 없으면 너희는 어디에서 살래?

잘 듣고 따라 읽어 보세요.

# 소금이 나오는 맷돌

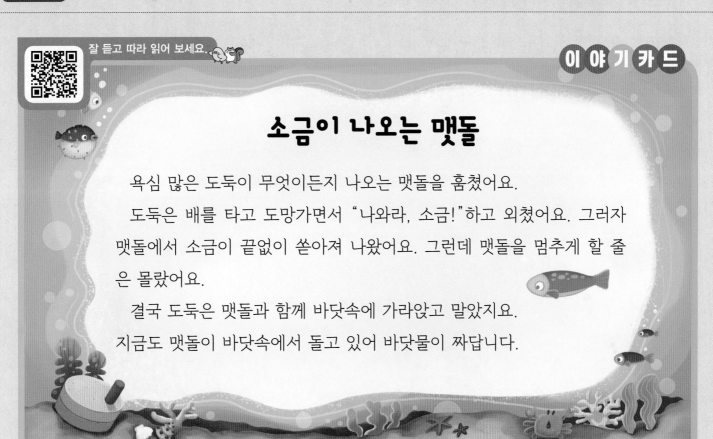

욕심 많은 도둑이 무엇이든지 나오는 맷돌을 훔쳤어요.

도둑은 배를 타고 도망가면서 "나와라, 소금!"하고 외쳤어요. 그러자 맷돌에서 소금이 끝없이 쏟아져 나왔어요. 그런데 맷돌을 멈추게 할 줄은 몰랐어요.

결국 도둑은 맷돌과 함께 바닷속에 가라앉고 말았지요.

지금도 맷돌이 바닷속에서 돌고 있어 바닷물이 짜답니다.

잘 듣고 따라 읽어 보세요.

# 지금 내 기분은요

선물을 받아서 기뻐요.
나는 기쁘면 활짝 웃어요.

넘어져서 아파요.
나는 아프면 엉엉 울어요.

집에 혼자 있어서 무서워요.
나는 무서우면 벌벌 떨어요.

이 야 기 카 드

잘 듣고 따라 읽어 보세요.

## 개미와 베짱이

더운 여름, 개미는 땀을 흘리며 부지런히 일했어요.

베짱이는 나무 아래에서 노래를 부르며 놀기만 했지요.

추운 겨울이 되었어요.

춥고 배고픈 베짱이는 개미에게 갔어요.

"개미야, 배가 고파서 왔어. 먹을 것 좀 줄래?"

"베짱이야, 얼른 들어와. 내가 먹을 걸 줄게."

잘 듣고 따라 읽어 보세요.

이 야 기 카 드

## 처음이라서요

처음으로 하늘을 날아요. 아기 새 가슴은 두근두근.

알을 깨고 밖으로 나와요. 병아리 가슴은 콩닥콩닥.

처음으로 교실에 들어가요. 내 다리는 후들후들.

왜 이렇게 떨리죠?

처음이라서요.

잘 듣고 따라 읽어 보세요.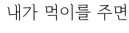

# 코끼리는 코가 손인가 봐요

내가 덥다고 하면
코끼리는 코로 물을 뿌려 줘요.
"고마워. 이거 먹어."
내가 먹이를 주면
코끼리는 코로 받아 먹어요.

잘 듣고 따라 읽어 보세요.

# 나도 얼음집에서 살래!

아주 추운 곳에 사는 사람들은
눈덩이와 얼음으로 둥글게 집을 지어요.
얼음으로 지었지만 집 안은 따뜻해요.
안에서 불을 피워도 녹지 않아요.
얼음집은 참 신기한 집이에요.

이 야 기 카 드

잘 듣고 따라 읽어 보세요.

# 고래는 움직이는 분수

고래는 사람처럼 콧구멍으로 숨을 쉬어요.

고래의 콧구멍은 머리 위에 있어요.

그래서 숨을 쉴 때는 물 위로 올라와요.

그리고 콧구멍으로 물을 분수처럼 내보내면서 숨을 쉬지요.

잘 듣고 따라 읽어 보세요.

# 누가 용왕님 약을 구할까?

바닷속 나라를 다스리는 용왕님이 병이 났어요.

용왕님의 병에는 땅에 사는 토끼가 약이래요.

문어와 고래가 깜짝 놀라며 말했어요.

"누가 땅으로 갈 수 있겠어요?"

그때 땅에서도 살 수 있는 거북이 나섰어요.

"제가 토끼를 잡아 오겠습니다. 토끼는 어떻게 생겼는지

알려 주세요."

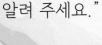

잘 듣고 따라 읽어 보세요.

# 두 마리 염소

통나무 다리 한가운데에서 염소 두 마리가 만났어요.

다리가 좁아서 두 마리 염소는 나란히 건널 수 없었어요.

"내가 먼저 왔어. 비켜."

"아니야. 내가 먼저 왔다고."

염소 두 마리는 서로 싸웠어요.

그러다 다리 아래로 떨어져 두 마리 모두 물에 빠졌어요.

잘 듣고 따라 읽어 보세요.

# 스마트폰 세상

우리 아빠 어릴 적에는요.

걸어다니면서 전화를 할 수 없었고요.

사진을 찍으려면 꼭 사진기가 있어야 했대요.

그런데 지금은 스마트폰만 있으면요.

집 밖에서도 전화를 걸 수 있고, 사진도 찍을 수 있어요.

재미있는 만화 영화도 볼 수 있고요.

이 야 기 카 드

잘 듣고 따라 읽어 보세요.

이 야 기 카 드

# 제주도

섬은 바다로 둘러싸인 곳이에요.

우리나라에서 가장 큰 섬은 어디일까요?

그건 우리나라 남쪽에 있는 제주도예요.

제주도에는 우리나라에서 제일 높은 한라산이 있어요.

돌로 만든 할아버지, 돌하르방도 있고요.

잘 듣고 따라 읽어 보세요.

이 야 기 카 드

# 카드에서 노래가 나와요

"사랑하는 똘이야, 생일 축하해!"

엄마가 케이크와 함께 예쁜 카드를 주셨어요.

그런데 카드를 펴 보다 깜짝 놀랐어요.

카드에서 노래가 흘러나왔거든요.

"생일 축하합니다~~♫♪ 생일 축하합니다~~ ~~♫♪~~"

똘이는 신기한 카드 때문에 기분이 너무 좋았어요.

 잘 듣고 따라 읽어 보세요.

# 추워도 좋아요

친구들이 함께 놀자고 해요.

그런데 겨울은 너무 추워요.

그래서 두꺼운 옷을 입고 털모자를 썼어요.

털장갑도 끼고 목도리도 했어요.

친구들도 나도 모두 뚱뚱이 아기 곰이 되었네요.

그래도 좋아요. 우리는 신나게 놀았거든요.

 잘 듣고 따라 읽어 보세요.

# 욕심 많은 강아지

고기를 물고 가던 강아지가 있었어요.

강아지는 시냇물에 놓인 다리를 건너다가 아래를 보았어요.

시냇물에는 고기를 물고 쳐다보는 강아지가 있었어요.

"그 고기 나 줘!"

그러다 물고 있던 고기를 떨어뜨렸어요.

물속의 강아지도 고기를 떨어뜨렸어요.

물속의 강아지는 물에 비친 자기였던 거예요.

잘 듣고 따라 읽어 보세요.

이 야 기 카 드

## 이곳은 어디일까요?

실제로 있는 곳은 아니에요.

그런데 실제로 있는 것처럼 보이는 곳이에요.

이런 곳을 좀 어려운 말로 가상 공간이라고 해요.

가상 공간에서는 친구도 만날 수 있어요.

저는 동물들이 사는 가상 공간을 만들고 싶어요.

그래서 친구들이 그곳으로 놀러 오게 하고 싶거든요.

잘 듣고 따라 읽어 보세요.

이 야 기 카 드

## 내 친구, 천둥과 번개

안녕, 나는 구름이 데려온 비야.

그런데 구름끼리 꽝 부딪히면 내 친구들이 나타나.

우르르 쾅쾅! 소리를 내는 건 내 친구, 천둥.

번쩍번쩍! 빛이 나는 건 내 친구, 번개.

천둥과 번개는 나를 좋아해.

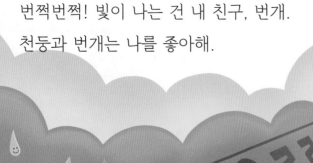

# 받아쓰기

잘 듣고
받아쓰세요.

맞는 글자 찾기  들려주는 낱말을 잘 듣고 바르게 쓴 낱말을 찾아 ○표 하세요.

1. 김밥 ( )  김빱 ( )

2. 개구리 ( )  게구리 ( )

3. 다람지 ( )  다람쥐 ( )

4. 물노리 ( )  물놀이 ( )

5. 숨바꼭질 ( )  숨박꼭찔 ( )

6. 게나리꽂 ( )  개나리꽃 ( )

글자 완성하기 들려주는 낱말을 잘 듣고 글자를 완성해 보세요.

1. ㄷ

2. ㅂㅓ 꽃

3. 참 ㅇ

4. ㄱ 일

5. 고 ㄱ

6. 세 네

7. 햇 비

8. 맛 이 는

9. 달 ㄱ 락

10. 뜨 거 운

낱말 받아쓰기 들려주는 낱말을 잘 듣고 받아쓰세요.

1. 

2. 

3. 

4. 

5. 

6. 

7. 

8. 

9. 

10.

# 받아쓰기

잘 듣고
받아쓰세요.

**맞는 글자 찾기** 　들려주는 낱말을 잘 듣고 바르게 쓴 낱말을 찾아 ○표 하세요.

1.　가슴 ( )　　가슴 ( )

2.　하픔 ( )　　하품 ( )

3.　벽똘 ( )　　벽돌 ( )

4.　기지개 ( )　　기지게 ( )

5.　사냥꾼 ( )　　사냥군 ( )

6.　삼형제 ( )　　삼형재 ( )

글자 완성하기 **들려주는 낱말을 잘 듣고 글자를 완성해 보세요.**

1. 수

2. 대 다

3. 어 ㅈ

4. 바 줄

5. 아 발

6. ㄷ 지

7. 첫 쩨

8. 늑 ㄷ

9. 나 뭇 이

10. 무 서 다

낱말 받아쓰기 **들려주는 낱말을 잘 듣고 받아쓰세요.**

1.

2.

3.

4.

5.

6.

7.

8.

9.

10.

잘 듣고
받아쓰세요.

**맞는 글자 찾기**　들려주는 낱말을 잘 듣고 바르게 쓴 낱말을 찾아 ○표 하세요.

1. 글씨　( )　　글시　( )

2. 옛날　( )　　옌날　( )

3. 바퀴　( )　　박퀴　( )

4. 는믈　( )　　눈물　( )

5. 태극기　( )　　태국기　( )

6. 노리터　( )　　놀이터　( )

**글자 완성하기** **들려주는 낱말을 잘 듣고 글자를 완성해 보세요.**

1. 오

2. ㄱ 림

3. 노 이

4. 동 ㄴ

5. 가 이

6. ㅈ 일

7. 지 우 ㄱ

8. 가 운 ㄷ

9. 시 내 물

10. 노 라 게

**낱말 받아쓰기** **들려주는 낱말을 잘 듣고 받아쓰세요.**

1.

2.

3.

4.

5.

6.

7.

8.

9.

10.

잘 듣고
받아쓰세요.

**맞는 글자 찾기** 들려주는 낱말을 잘 듣고 바르게 쓴 낱말을 찾아 ○표 하세요.

1. 가개 ( )  가게 ( )

2. 마을 ( )  마울 ( )

3. 새상 ( )  세상 ( )

4. 발가락 ( )  발까락 ( )

5. 젓가락 ( )  저까락 ( )

6. 도께비 ( )  도깨비 ( )

**글자 완성하기** | 들려주는 낱말을 잘 듣고 글자를 완성해 보세요.

1. 호

2. 노 ㄹ

3. 이 우

4. 함 ㄲ

5. 로 보

6. 장 가

7. 장 ㅎ

8. 음 시

9. 붕 어 빠

10. 텔 ㄹ 비 전

**낱말 받아쓰기** | 들려주는 낱말을 잘 듣고 받아쓰세요.

1.

2.

3.

4.

5.

6.

7.

8.

9.

10.

# 찾아보기

『P단계』에 수록된 기본 어휘와 속담, 관용 표현을 실었습니다.

## 기본 어휘 찾아보기

# 찾아보기

## 속담, 관용 표현 찾아보기

# 1주차 나의 문해력을 키워요!

## 1회 꿀을 찾아 날아요

**학습 체크 리스트**

O나 X 스티커를 붙이세요

 학습 계획일에 맞춰 꾸준히 문해력을 향상시켰나요?

글을 잘 듣고 소리 내어 읽어 보았나요?

 주어진 문제는 이해하고 잘 풀었나요?

스스로 칭찬하는 말 한마디를 써 보세요.

## 2회 달콤한 과일이 좋아

**학습 체크 리스트**

O나 X 스티커를 붙이세요

 학습 계획일에 맞춰 꾸준히 문해력을 향상시켰나요?

 글을 잘 듣고 소리 내어 읽어 보았나요?

 주어진 문제는 이해하고 잘 풀었나요?

스스로 칭찬하는 말 한마디를 써 보세요.

## 3회 어디어디 숨었니?

**학습 체크 리스트**

O나 X 스티커를 붙이세요

 학습 계획일에 맞춰 꾸준히 문해력을 향상시켰나요?

 글을 잘 듣고 소리 내어 읽어 보았나요?

 주어진 문제는 이해하고 잘 풀었나요?

스스로 칭찬하는 말 한마디를 써 보세요.

## 4회 친구야, 놀자

**학습 체크 리스트**

O나 X 스티커를 붙이세요

 학습 계획일에 맞춰 꾸준히 문해력을 향상시켰나요?

글을 잘 듣고 소리 내어 읽어 보았나요?

 주어진 문제는 이해하고 잘 풀었나요?

스스로 칭찬하는 말 한마디를 써 보세요.

## 5회 소금아, 어디서 왔니?

**학습 체크 리스트**

O나 X 스티커를 붙이세요

 학습 계획일에 맞춰 꾸준히 문해력을 향상시켰나요?

 글을 잘 듣고 소리 내어 읽어 보았나요?

 주어진 문제는 이해하고 잘 풀었나요?

스스로 칭찬하는 말 한마디를 써 보세요.

**1회** **내 친구, 고양이 코코**

**학습 체크 리스트** ○나 ✖ 스티커를 붙이세요

 학습 계획일에 맞춰 꾸준히 문해력을 향상시켰나요?

글을 잘 듣고 소리 내어 읽어 보았나요?

 주어진 문제는 이해하고 잘 풀었나요?

스스로 칭찬하는 말 한마디를 써 보세요.

---

**2회** **개미와 비둘기**

**학습 체크 리스트** ○나 ✖ 스티커를 붙이세요

 학습 계획일에 맞춰 꾸준히 문해력을 향상시켰나요?

글을 잘 듣고 소리 내어 읽어 보았나요?

 주어진 문제는 이해하고 잘 풀었나요?

스스로 칭찬하는 말 한마디를 써 보세요.

---

**3회** **수영을 배워요**

**학습 체크 리스트** ○나 ✖ 스티커를 붙이세요

 학습 계획일에 맞춰 꾸준히 문해력을 향상시켰나요?

 글을 잘 듣고 소리 내어 읽어 보았나요?

 주어진 문제는 이해하고 잘 풀었나요?

스스로 칭찬하는 말 한마디를 써 보세요.

---

**4회** **코끼리를 말해요**

**학습 체크 리스트** ○나 ✖ 스티커를 붙이세요

 학습 계획일에 맞춰 꾸준히 문해력을 향상시켰나요?

글을 잘 듣고 소리 내어 읽어 보았나요?

 주어진 문제는 이해하고 잘 풀었나요?

스스로 칭찬하는 말 한마디를 써 보세요.

---

**5회** **어떤 집을 지을까?**

**학습 체크 리스트** ○나 ✖ 스티커를 붙이세요

 학습 계획일에 맞춰 꾸준히 문해력을 향상시켰나요?

 글을 잘 듣고 소리 내어 읽어 보았나요?

 주어진 문제는 이해하고 잘 풀었나요?

스스로 칭찬하는 말 한마디를 써 보세요.

문·해·력·은 EBS

정답과 해설
한눈에 보는 정답
상세한 지문·문항 해설

EBS
당신의 문해력

초등
ERI 독해가
문해력
이다
P단계

예비 초등 ~ 초등 1학년 권장

# ERI 독해가 문해력이다 P단계

## 1주차 정답과 해설

한눈에 보는 답

### 1회 꿀을 찾아 날아요

본문 12~13쪽

본문 15쪽 1 꿀 2 (②) ○ ○ ③

봄 / 꽃 / 꿀벌 / 나비
／ 나비

이야기카드 잠에서 깬 개구리

본문 16쪽 1 (1) ○ 2 (예) 날씨가 따뜻해서 좋아요.

### 2회 달콤한 과일이 좋아

본문 18~19쪽

본문 21쪽 1 (2) ○ (3) ○ 2 ○

참외 / 포도 / 수박 / 자두
3 포도 / 자두

이야기카드 여우와 신 포도

본문 22쪽 1 (2) ○ 2 (예) 아직 익지 않은 포도라서.

### 3회 어디어디 숨었니?

본문 24~25쪽

본문 27쪽 1 (1) ○ (2) ○ 2 ○

타조 / 오리 / 개구리 / 부엉이
3 타조

이야기카드 미운 오리 새끼

본문 28쪽 1 (1) ○ 2 (예) 형제끼리 사이좋게 지내야 해.

### 4회 친구야, 놀자

본문 30~31쪽

본문 33쪽 1 구슬 2 ( ○ ) ( ) 내가 최고야

구슬 / 놀이 / 홀수 / 짝수
③ 여섯(6) / 짝수

본문 34쪽 1 (1) ○ 2 (예) 나는 아침에 일찍 일어나요. / (예) 나는 혼자서 신발을 잘 신어요.

### 5회 소금아, 어디서 왔니?

본문 36~37쪽

본문 39쪽 1 (1) ○ (2) ○ 2 소금 3 소금

바다 / 햇빛 / 소금 / 짓맛
③ 소금 → (예) 금요일 → (예) 일기

본문 40쪽 1 (1) ○ 2 (1) ○

(2)

## ERI 지수 98 · 과학 | 자연

# 꿀을 찾아 나아요

소리 내어 읽고
스티커를 붙여 보세요.

봄이 찾아왔어요.
1년 4개절 중 겨울과 여름 사이의 계절

산에는 분홍 진달래꽃이 활짝 피었어요.

노란 개나리꽃이 민들레 꽃에게 봄 인사를 하네요.

벚꽃은 꽃 하늘을 만들어요.

꿀벌들이 꽃을 찾아다니며 윙윙거려요.

아하! 숨바꼭질이 아니네요.

맛있는 꿀을 찾아 날아다닌 거래요.

나비들도 꽃을 찾아 날아다녀요.

숨바꼭질 하나 봐요.

노랑나비는 개나리꽃 속에 숨었어요.

---

 **글의 내용 이해하기**

**1** 다음 빈칸에 들어갈 알맞은 말을 쓰세요.

꿀벌들은 [ 꿀 ]을/를 먹으려고 꽃을 찾아 날아다닙니다.

해설 꿀벌들은 맛있는 꿀을 찾아 날아다녔던 것입니다.

 **세부 내용 이해하기**

**2** 봄에 볼 수 있는 꽃에 모두 ○표 하세요.

 진달래꽃 ( )     개나리꽃 ( )     해바라기 꽃

해설 봄이 찾아오니 분홍 진달래꽃, 노란 개나리꽃, 민들레 꽃, 벚꽃이 피었습니다. 해바라기 꽃은 여름철에 피는 꽃입니다.

 **내용 이해하고 활동하기**

**3** 종이접기 놀이를 해 봐요. 무엇이 만들어질까요? 스티커에서 찾아 붙이고 이름을 쓰세요.

계단 모양으로 접기 → 반으로 접기 → 접지서 가운데 묶기 → 접은 날개 펼쳐 주기

해설 활짝 편 날개와 긴 더듬이가 있는 것으로 보아 나비를 접은 것입니다.

# 잠에서 깬 개구리

"아함! 잘 잤다."

"개굴개굴! 친구들아 봄이 왔어. 얼른 나와 봐."

겨울잠에서 깨어난 개구리가 풀밭 위를 뛰어다니네요.

나비도 날아와 반갑다고 인사하네요.

1. 겨울 동안 개구리는 무엇을 했을까요? 알맞은 것에 ○표 하세요.

(1) 겨울잠을 잤습니다.

(2) 노래를 불렀습니다.

해설 | 겨울잠에서 깨어난 개구리가 친구들에게 봄소식을 알리고 있습니다.

2. 봄·여름·가을·겨울 중에서 봄을 좋아하는 이유를 말해 보세요.

예쁜 꽃들이 피어서 좋아요.

예 날씨가 따뜻해서 좋아요.

해설 | 봄은 날씨가 따뜻하고 예쁜 꽃들이 피어나는 계절입니다. 새싹도 돋고, 얼기나 춥지 않아 나들이 하기에도 좋은 계절입니다.

---

이것만은 꼭~

소리나게 쓴 글자는 따라 쓰세요.

## 어휘 살찌우기

글자는 같고 뜻이 다른 말을 따라 써 봅니다.

나비

나랑 함께 놀려고 나를 부르네.

나비

나를 부르네. 얼른 날아가야지.

꽃을 찾아 날아다니는 나비랑 이름이 똑같은 동물이 있습니다. 고양이를 부를 때 흔히 쓰는 말도 나비입니다.

야아야. 나비야.

## 색깔을 나타내는 말

무지개를 보고 색깔을 나타내는 말을 따라 써 봅니다.

| 빨 | 강 |
| 주 | 황 |
| 노 | 랑 |
| 초 | 록 |

| 파 | 랑 |
| 남 | 색 |
| 보 | 라 |

ERI 지수
**83**
과학 | 자연

# 달콤한 과일이 좋아

소리 내어 읽고
스티커를 붙여 보세요.

아빠, 엄마와 함께 놀러 왔어요.

물놀이가 너무 재미있어요.
물에서 노는 놀이

한참 물놀이를 했더니 배가 고팠어요.

점심은 김밥과 과일을 먹었어요.
낮에 먹는 밥

동생과 나는 김밥보다 과일을 더 많이 먹었어요.

포도와 자두는 맛있었어요.

엄마가 시원한 참외와 수박을 잘라 주셨어요.

노란색 참외는 속은 하얀색이고 작은 씨들이 있어요.

초록색 수박은 속은 빨간색이고 검은색 씨들이 있어요.

---

**글의 내용 이해하기**

**1** 이 글의 내용으로 알맞은 것에 모두 ○표 하세요.

(1) 복숭아를 맛있게 먹었습니다.  ( )

(2) 재미있게 물놀이를 했습니다.  ( )

(3) 점심은 김밥과 과일을 먹었습니다.  ( )

해설 글에서 새 온 김밥과 함께 포도, 자두, 수박, 참외를 먹었습니다. 수박과 참외는 엄마가 먹기 좋게 잘라 주셨습니다.

**세부 내용 이해하기**

**2** 참외와 수박을 자르면 어떤 모양일까요? 스티커에서 찾아 붙여 보세요.
스티커

참외

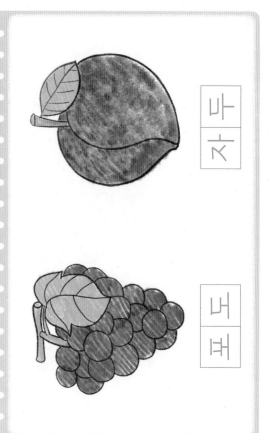

수박

해설 참외는 겉은 노란색이지만 자르면 속은 하얀색이고 가운데 노란 씨가 있습니다. 수박은 겉은 초록색에 검은 줄이 있고, 자르면 빨간색이고 검은색 씨가 있습니다.

**내용 이해하고 활동하기**

**3** '나'와 동생이 먹은 맛있는 과일의 이름을 쓰고 예쁘게 색칠해 보세요.

해설 '나'와 동생은 포도와 자두를 맛있게 먹었다고 했습니다. 포도는 보라색, 자두는 보라색 또는 청포도는 청포도 등이 있습니다. 자두는 색에 조록색이고 청포도는 자두는 색이 자줏빛입니다.

포도          자두

흘리게 쓴 글자는 따라 쓰세요.

## 어휘와 표현

**어휘 살찌우기**

무슨 맛일까요? 맛을 표현하는 말을 따라 써 봅니다.

> 단맛은 꿀이나 설탕에서 느껴지는 맛이야.

달다
달콤하다

> 신맛은 입에 침이 고이고, 얼굴이 찡그려지는 맛이야.

시다
새콤하다

**재미있는 속담읽기**

### 그림의 떡이다

그림 속에 있는 음식은 아무리 맛있게 보여도 먹을 수 없어요. 이처럼 마음에 들거나 보여도 가질 수 없는 것을 가리켜 '그림의 떡이다'라고 말을 해요.

다음 경우에 알맞은 속담을 따라 써 봅니다.

> 아이스케이크가 너무 좋아!

> 그런데 이가 아파서 먹을 수가 없어

> 먹고 싶은 걸 참고 있으니까 하는 거야

> 뭐라고?

그림의 떡이다

23

---

## 이야기 읽기

### 여우와 신 포도

배고픈 여우가 포도나무를 보았어요.

맛있는 포도가 주렁주렁 열려 있었어요.

큰 열매가 많이 매달려 있는 모양

하지만 나무 높이 달려 있어 딸 수가 없었지요.

한참을 올려다보던 여우는

"안 익은 포도는 너무 시어서 먹을 수가 없어."

맛이 식초와 같아서

하면서 가던 길을 갔어요.

**1** 놀이 달린 포도를 보고 여우는 뭐라고 했는지 알맞은 것에 ○표 하세요.

(1) 난 배가 불러서 포도는 안 먹을 거야. ( )

(2) 난 포도가 나무 시어 보여서 안 먹을 거야. ( ○ )

해설 여우는 익지 않은 포도는 맛이 시어서 먹을 수가 없다고 말했어요.

**만화 읽기 2**

여우는 왜 포도를 먹지 않았을까요? 여러분의 생각을 자유롭게 말해 보세요.

어차피 따 먹을 수 없으니까.

(예) 아직 익지 않은 포도라서.

해설 여우는 높이 달려 있는 포도를 딸 수가 없었습니다. 그래서 포도가 너무 시어 보인다고 하며 포도를 먹지 않았습니다. 아직 익지 않은 포도는 맛이 달지 않고 신맛이 납니다.

## 글의 내용 이해하기

**1** 이 글의 내용으로 알맞은 것에 모두 ◯표 하세요.

(1) 어린이는 숨바꼭질을 합니다.

(2) 타조는 나무 뒤에 숨었습니다.

(3) 숨래는 다람쥐입니다.

해설 꼭꼭 숨은 친구들을 모두 찾아야 하는 술래는 '어린이'입니다. 다람쥐는 고개를 내민 우리에게 얼른 숨으라고 말하고 있습니다.

## 세부 내용 이해하기

**2** 동물들이 숨은 곳은 어디입니까? 알맞게 줄(—)로 이으세요.

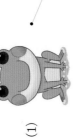

(1)

(2)

해설 개구리는 풀 속에 숨었고, 고양이는 장화 속에 숨었습니다.

## 배경지식 활용하여 추론하기

**3** '나'는 누구일까요? 빈칸에 들어갈 알맞은 이름을 쓰세요.

- 나는 몸집이 커요.
- 나는 나무 뒤에 숨었어요.
- 나는 날지 못하는 새입니다.

해설 목과 다리가 길고 몸집이 큰 타조는 나무 위에 숨었습니다. 타조는 날지 못하는 큰 새입니다.

타 조

---

ERI 지수 **77**

인문 | 문학

소리 내어 읽고
스티커를 붙여 보세요.

# 어디어디 숨었니?

어린이가 친구들과 숨바꼭질을 해요.
한 아이가 술래가 되어 숨은 아이들을 찾아내는 놀이

"모두 숨었니? 하나, 둘, 셋. 이제 찾는다."

개굴개굴 개구리는 풀 속에 숨었어요.
개구리가 크게 우는 소리

몸이 큰 타조는 나무 뒤에 숨었네요.

부엉이는 나무 위에서 졸고 있어요.

어머나! 고양이는 장화 속에 숨었군요.
비가 올 때 주로 신는 신발

어린이는 친구들을 모두 찾을 수 있을까요?

우리가 궁금해서 고개를 쏙 내밀었어요.

"오라야, 얼른 숨어."

다람쥐가 작은 소리로 말했어요.

## 어휘 실제우기

흉내게 쓴 글자는 따라 써 보세요.

어떤 소리를 낼까요? 흉내 내는 말을 따라 써 봅니다.

 개구리는

| 개 | 굴 | 개 | 굴 |
|---|---|---|---|
| 개 | 굴 | 개 | 굴 |

 고양이는

| 야 | 옹 | 야 | 옹 |
|---|---|---|---|
| 야 | 옹 | 야 | 옹 |

부엉이는

| 부 | 엉 | 부 | 엉 |
|---|---|---|---|
| 부 | 엉 | 부 | 엉 |

## 재미있는 속담익히기

### 고양이 개 보듯 한다

고양이와 개는 만나기만 하면 서로 으르렁대요. 이렇게 사이가 매우 나빠서 서로 으르렁거리며 해칠 기회만 찾는 것을 '고양이 개 보듯 한다'라고 해요.

다음 경우에 알맞은 속담을 따라 써 봅니다.

| 고 | 양 | 이 | 개 | 보 | 듯 | 한 | 다 |
|---|---|---|---|---|---|---|---|

---

## 미운 오리 새끼

 잘 듣고 따라 읽어 보세요.

새끼 오리들이 엄마 오리와 헤엄을 치고 있어요. 그중 한 마리는 몸이 크고 색깔이 달랐어요. 형제 오리들은 생김새가 다른 오리를 '미운 오리'라고 부르며 놀렸어요.

어느 날, 미운 오리는 큰 소리로 말했어요.

"나는 오리가 아니었어. 난 아름다운 백조였어!"

'나눔의 즐거움'

**1** 미운 오리가 형제 오리들에게 놀림을 받은 이유는 무엇인가요? 알맞은 것에 ○표 하세요.

(1) 다른 형제 오리들과 생김새가 달랐기 때문입니다. ( )

(2) 엄마 오리의 사랑을 혼자서만 많이 받았기 때문입니다. ( )

해설 미운 오리는 다른 새끼 오리들과 달리 덩치가 크고 색깔이 달랐기 때문에 놀림을 받았습니다.

**2** 미운 오리를 놀리는 형제 오리들에게 해 주고 싶은 말을 해 보세요.

생긴 모습을 보고 놀리면 안 돼.

형제끼리 사이좋게 지내야 해.

해설 친구나 형제 사이에서 생긴 모습을 보고 놀리거나 함께 놀지 않으면 안 됩니다. 사이좋게 지내도록 서로 노력해야 합니다.

어휘지수 149 STEAM

소리 내어 읽고 스티커를 붙여 보세요.

맞았어요!

잘 듣고 따라 읽어 보세요.

# 친구야, 놀자

친구랑 둘이서 구슬놀이를 합니다.
유리, 나무 등으로 만든 둥그렇고 단단한 물건
한 명은 손 안에 구슬을 ㉠쥐고 있습니다. 다른 한 명은 손 안
에 들어 있는 구슬이 '홀'인지 '짝'인지 맞히는 놀이입니다.
홀수　짝수
두 개씩 짝이 맞지 않으면 홀수, '홀'입니다. 두 개씩 짝이 맞
으면 짝수, '짝'입니다.

달그락달그락.
작고 단단한 물건이 부딪칠 때 나는 소리
"자, 맞혀 봐. 홀일까 짝일까?"

"음......, 짝!"

"하나, 둘, 셋, 넷. 짝이네!"
두 개
"와, 내가 이겼다."
짝인지 홀인지 맞히면 맞힌 사람이 이깁니다. 맞히지
못하면 구슬을 쥐고 있던 사람이 이깁니다.

*쥐다: 손을 오므려 뭉쳐지게 하다.

---

글의 내용 이해하기
## 1 다음 빈칸에 들어갈 알맞은 말을 쓰세요.

두 아이는 [ 구 슬 ] 을/를 가지고 놀고 있습니다.

해설 두 아이는 구슬을 가지고 손에 쥔 구슬이 홀수인지 짝수인지 맞히는 놀이를 하고 있습니다.

낱말 뜻 이해하기
## 2 ㉠은 손을 어떻게 하고 있는 모양인지 알맞은 모양에 ○표 하세요.

( ○ )　( )

해설 '쥐다'는 손을 오므려 뭉쳐지게 하는 것입니다.

글의 내용 적용하기
## 3 맛있는 피자가 있습니다. 질문에 알맞은 답을 쓰세요.

하나(1)　둘(2)
셋(3)　넷(4)
다섯(5)　여섯(6)

피자를 몇 조각으로 잘랐나요?
( 여섯(6) ) 조각

피자 조각 수는 짝수일까요, 홀수일까요?
( 짝수 )

해설 피자를 여섯(6) 조각으로 잘랐습니다.
여섯(6)은 두 개씩 짝이 지어지는 짝수입니다.

잘 듣고 따라 읽어 보세요.

## 내가 최고야

다섯 손가락이 서로 자기가 최고라고 말하고 있어요.

그러다 손바닥의 말을 듣고 사이좋게 지내기로 했어요.

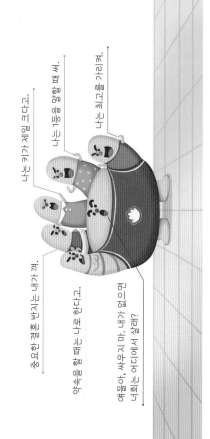

나는 키가 제일 크다고.

중요한 경우 받지는 내가 껴.

약속을 할 때는 나로 한다고.

애들아, 싸우지 마. 내가 없으면 너희는 어디에서 살래?

나는 1등을 말할 때 써.

나는 최고를 가리켜.

**1** 다섯 손가락이 싸우는 이유로 알맞은 것에 ○표 하세요.

(1) 자기가 제일 잘났다고 생각하기 때문입니다. ( ○ )

(2) 자기가 살고 있는 곳이 마음에 들지 않기 때문입니다. ( )

해설 다섯 손가락은 각자 다른 손가락보다 자기가 뛰어난 것을 이야기하며, 서로 최고라고 말하고 있습니다.

**말하기 2**

'나'가 친구들에게 자랑하고 싶은 것을 말해 보세요.

나는 친구들과 사이좋게 지내요.

(예) 나는 아침에 일찍 일어나요.

(예) 나는 혼자서 신발을 잘 신어요.

해설 자기가 친구들에게 자랑하고 싶은 것을 잘 생각하고 말해 보세요.

---

흐리게 쓴 글자는 따라 쓰세요.

### 어휘 실째우기

다섯 손가락의 이름을 알아볼까요? 다섯 손가락의 이름을 따라 써 봅니다.

① 엄 지 — 첫째손가락이라고도 해요.

② 검 지 — 집게손가락이라고도 해요.

③ 중 지 — 가운뎃손가락이라고도 해요.

④ 약 지 — 약손가락이라고도 해요.

⑤ 새 끼 손 가 락

### 재미있는 속담익히기

**양손의 떡**

두 가지 일이 있는데, 어느 것부터 먼저 해야 할 지 모를 때 '양손의 떡'이라는 말을 써요. 양손은 두 손을 말합니다.

다음 경우에 알맞은 속담을 따라 써 봅니다.

내일 나랑 축구할래? / 그래, 좋아.

그래 좋아 / 안 돼 오늘 축구하잖아.

축구도 하고 싶고 야구도 하고 싶은데 어떡하지?

양 손 의 떡

ERI 지수 **111**
STEAM

# 소금아, 어디서 왔니?

우리 가족은 바다가 보이는 곳에 살아요.

아버지는 넓은 소금밭에서 일해요.

소금을 만드는 밭이에요.
채소나 곡물을 심어 가꾸는 땅

아버지는 바닷물을 소금밭에 가득 채워요.
바다에 고여 있는 물

뜨거운 햇볕을 받으면 바닷물이 조금씩 말라요.

아버지가 놓고 있는 나를 불렀어요.

소금밭에 하얀 소금꽃*이 피었다고요.

짠맛이 나는 소금이 만들어지기 시작했다고요.

*소금꽃: 소금밭에서 바닷물이 마른 후 생긴 소금의 작은 알갱이들.

소리 내어 읽고
스티커를 붙여 보세요.

참 잘
읽어요!

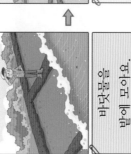

---

**글의 내용 이해하기**

1 이 글의 내용으로 알맞은 것에 모두 ○표 하세요.

(1) 소금은 짠맛이 납니다.

(2) 소금밭에는 바닷물을 가득 채웁니다.

(3) 아버지는 설탕을 만드는 밭에서 일하십니다.

해설　아버지는 바닷물을 모아서 소금을 만드는 소금밭에서 일하십니다.

**글의 내용 적용하기**

2 다음 그림을 보고 무엇이 만들어지는 과정인지 쓰세요.

| 바닷물을 | 뜨거운 햇빛이 | 하얀 알갱이가 |
| 밭에 모아요. | 물을 마르게 해요. | 만들어져요. |

소 금

해설　'바닷물 모으기 → 햇빛에 물기 마르게 하기 → 물기가 날아가고 하얀 알갱이가 만들어지기'의 과정을 통해 '소금'이 만들어집니다.

**낱말 뜻 이해하기**

3 **보기** 를 보고 끝말잇기를 해 보세요. (앞 낱말이 끝나는 글자로 시작하는 낱말을 말하면 됩니다.)

보기

| 바다 | → | 다리 | → | 미소 |

| 소금 | → | 물 | → | 오이 | → | 이야기 |
(예)

해설　끝말잇기는 앞 낱말이 끝나는 글자로 다음 낱말을 시작하는 놀이입니다. '다리' 는 뜨거운 바닥으로 옷 등을 빳빳하게 펴는 기구이고, '미소는 소리를 내지 않고 웃는 것입니다.

## 이야기마당

# 소금이 나오는 맷돌

잘 듣고 읽어 보세요.

욕심 많은 도둑이 무엇이든지 나오는 맷돌을 훔쳤어요.

도둑은 배를 타고 도망가면서 "나와라, 소금!" 하고 외쳤어요. 그러자 맷돌에서 소금이 쏟아져 나왔어요.

도둑은 소금이 더 많이 갖고 싶었어요.

그런데 맷돌을 멈추게 할 줄은 몰랐어요.

결국 도둑은 맷돌과 함께 바닷속에 가라앉고 말았지요.

지금도 맷돌이 바닷속에서 돌고 있어 바닷물이 짜답니다.

**2 스티커**

1 도둑이 맷돌을 멈추게 하지 못한 이유로 알맞은 것에 ○표 하세요.

(1) 맷돌을 멈추게 할 줄 몰랐기 때문입니다. ( )

(2) 소금을 더 많이 갖고 싶었기 때문입니다. ( )

해설 도둑은 맷돌을 멈추게 하는 방법을 몰랐기 때문에 소금이 가득 찬 배와 함께 바닷속으로 가라앉고 말았습니다.

2 물이 든 컵에 소금과 모래를 넣고 저으면 어떻게 되는지 실험해 보세요. 그리고 스티커에서 모양을 찾아 붙여 보세요.

(1) 소금 넣고 젓기    (2) 모래 넣고 젓기

해설 (1) 소금은 물에 잘 녹기 때문에 소금을 넣고 저으면 소금이 자연히 보이지 않고 맑은 물이 됩니다.
(2) 모래는 물에 녹지 않기 때문에 모래를 넣고 저은 자연인 물이 뿌옇게 되었다가 잠시 후에 머레가 가라앉습니다.

---

## 어휘마당 ~느낌 있는

흐리게 쓴 글자는 따라 쓰세요.

**순우리말**

무엇에 쓰던 물건일까요? 낱말을 따라 써 봅니다.

**맷돌**
음식을 넣고 손잡이를 돌려 가는 데 쓰는 도구.

맷 돌

옛날 사람들이 쓰던 물건인데,

콩 같은 곡식들을 넣고 손잡이를 돌리면 곱게 갈려 나온대.

### 알고 있니?

**소금을 만들어 봐요**

소금을 많이 넣고 물이 끓는 소금물을 준비해요.

식은 소금물에 빨대를 넣고, 손으로 빨대 입구를 막아요.

색종이 위에 빨대를 대고 손을 떼면 물방울이 떨어져요.

물방울을 떨어뜨린 색종이를 햇빛이 드는 곳에 두어요.

물은 모두 말라 버리고 하얀 가루들이 생겼어요.

아우, 짜. 소금 맞아.

〈준비물〉 소금, 물, 색종이, 빨대

# ERI 독해가 문해력이다 P단계

## 2주차 정답과 해설

### 한눈에 보는 답

---

#### 1회 내 친구, 고양이 코코

**본문 44~45쪽**

 기쁨   생각   꼬리   하품

**본문 47쪽**
1 (1) ○ (3) ○  2 (○) ( ) ( )  3 (예) 고래 / 앙금 / 이빨

**본문 48쪽** 지금 내 기분은요

**이야기가드**
1 (1) 웃다 (2) 울다 (3) 무섭다  2 무섭다

---

#### 2회 메아리와 친구?

**본문 50~51쪽**

 개미   나뭇잎   비둘기   사냥꾼

**본문 53쪽**
1 (1) ○ (3) ○  2 고마워  3 거미 / 잠자리 / 매미 / 무당벌레

**본문 54쪽** 개미와 베짱이

**이야기가드**
1 부지런한 / 게으른
2 (예) 베짱이야, 이젠 너도 개미처럼 부지런히 일하도록 해.

---

#### 3회 수영을 배워요

**본문 56~57쪽**

 수영   가슴   두근두근   첨벙첨벙

**본문 59쪽**
1 (2) ○ (3) ○  2 (1) 첨벙첨벙 (2) 두근두근
3

**본문 60쪽** 처음이라서요

**이야기가드**
1 ( ) ( ○ )  2 (예) 친구들과 함께 놀 생각을 하니 기뻤어요.

 운동   동장구

---

#### 4회 코끼리를 말해요

**본문 62~63쪽**

 부채   밧줄   통나무   코끼리

**본문 65쪽**
1 (1) ○ (2) ○

**이야기가드** 코끼리는 코가 손인가 봐요

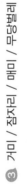

**본문 66쪽**
1 (1) ○ (2) ○

---

#### 5회 어떤 점을 지울까?

**본문 68~69쪽**

 숲속   벽돌   돼지   늑대   튼튼하게

**본문 71쪽**
1 (1) ○ (2) ○  2 ○  3 ✕  ✕

**본문 72쪽** 나도 얼음집에서 살래!

**이야기가드**
1 눈덩이  2 (예) 얼음집 안에도 몇 명이 들어갈 수 있는지 궁금해.

# 내 친구, 고양이 코코

소리 내어 읽고 스티커를 붙여 보세요.

내 친구, 고양이를 소개할게요. 이름은 코코예요.

코코는 작은 상자 안을 좋아해요.

꼬리를 빳빳하게 올리면 기쁘다는 뜻이에요. 하지만 꼬리를 세게 흔드다면 그건 싸우고 싶다는 뜻이지요.

기분이 좋을 때는 ㉠꾹꾹이를 해요. 앞발로 내 팔이나 베게 등을 꾹꾹 눌러 줘요. 그런데 코코의 배를 만지는 것은 아주 싫어해요.

코코는 졸릴 때 하품을 해요. 자고 일어나서도 기지개*를 켜며 하품을 하고요.

*기지개: 몸을 쭉 펴고 팔다리를 뻗는 일.

---

**글의 내용 이해하기**

**1** 이 글의 내용으로 알맞은 것에 모두 ○표 하세요.

(1) 내가 키우는 고양이 이름은 코코입니다. ( )

(2) 고양이는 기분 좋을 때 하품을 합니다. ( )

(3) 고양이는 배를 만지면 좋아합니다. ( )

해설 고양이 코코는 기분이 좋을 때 꾹꾹이를 하고 졸릴 때 하품을 합니다. 고양이는 배를 만지는 것을 싫어합니다.

**낱말 뜻 이해하기**

**2** ㉠은 고양이가 어떤 행동을 하는 것인지 맞는 그림에 ○표 하세요.

( ) ( ) ( ○ )

해설 '꾹꾹이'는 고양이가 앞발로 주무르듯이 꾹꾹 누르는 행동입니다.

**내용 이해하고 활동하기**

**3** 보기를 보고 낱말 '고양이'로 낱말 찾기 놀이를 해 보세요.

보기

| 코 | 코끼리 |
|---|---|
| | 코뿔소 |

고 → 고모 / 고래

예 고래

양 → 양파

예 양파

이 → 이사

예 이사

자기가 직접 찾아 쓰는 글자

따라 쓰는 글자

해설 각각의 글자로 시작하는 낱말을 생각해 봅니다.

# 이야기카드

## 지금 내 기분은요

잘 듣고 따라 읽어 보세요.

선물을 받아서 기뻐요.

나는 기쁘면 활짝 웃어요.

넘어져서 아파요.

나는 아프면 엉엉 울어요.

집에 혼자 있어서 무서워요.

나는 무서우면 벌벌 떨어요.

**1** 빈칸에 들어갈 알맞은 말을 쓰세요.

| | | |
|---|---|---|
| (1) 선물을 받았다 | – 기쁘다 | – 웃다 |
| (2) 넘어졌다 | – 아프다 | – 울다 |
| (3) 집에 혼자 있다 | – 무섭다 | – 떨다 |

해설 '나'는 기분이 좋을 때는 웃고, 아프면 울고, 무서우면 떤다고 하였습니다.

**2** 스텝 아이는 어떤 기분일까요? 아이의 기분에 맞는 스티커를 찾아 붙여 보세요.

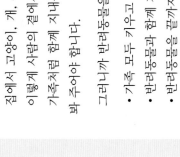

친구가 멀리 이사 가요.

놀이공원에 놀러 가요.

귀신이 나오는 만화 영화를 봐요.

해설 만약 '나'라면 어떤 기분일지 생각해 봅니다.

---

# 어휘력 쑥쑥~

흐리게 쓴 글자는 따라 써 봅니다.

### 어휘 살찌우기

그림에 어울리는 기분을 나타내는 낱말을 따라 써 보세요.

| | | |
|---|---|---|
| 기뻐요 | ↔ | 슬퍼요 |
| 웃어요 | ↔ | 울어요 |
| 좋아요 | ↔ | 싫어요 |

### 알고 있니?  반려동물

집에서 고양이, 개, 새 등을 키우는 사람들이 있습니다. 이렇게 사람의 곁에서 가족같이 살아가는 동물을 '반려동물'이라고 합니다. 가족처럼 함께 지내는 반려동물을 키우려고 마음먹었다면 책임감을 가지고 잘 돌봐 주어야 합니다.

그러니까 반려동물을 키우기 전에 한번 잘 생각해 보세요.

• 가족 모두 키우고 싶어 하나요?

• 반려동물과 함께 지낼 공간이 있나요?

• 반려동물을 끝까지 버리지 않고 키울 수 있나요?

• 귀찮아하지 않고 관심을 갖고 잘 돌볼 수 있나요?

• 반려동물이 집 안을 어지럽히거나 물건을 망가뜨려도 괜찮나요?

# 개미와 비둘기

소리 내어 읽고
스티커를 붙여 보세요.

잘 듣고 따라
읽어 보세요.

개미가 강가에서 물을 마시다 강물 속에 빠졌어요.

지나가던 비둘기가 나뭇잎을 따다가 개미에게 던져 주었어요.
나무의 잎. [나문닢이라고 소리 남]

개미는 나뭇잎에 올라타 겨우 살아났어요.

"비둘기야, 고마워!"

다음 날 아침 일찍 개미는 숲으로 놀러 갔어요.

바로 그때, 사냥꾼이 비둘기를 총으로 쏘려고 하고 있었어요.

개미는 사냥꾼의 발가락을 힘껏 깨물었어요.
[발까락이라고 소리 남]

"아얏! 앗 따가워."

사냥꾼이 소리를 질렀어요.

㉠나무 위에 앉아 있던 비둘기는 멀리멀리 날아갔어요.

---

**글의 내용 이해하기**

**1** 이 글의 내용으로 알맞은 것에 모두 ○표 하세요.

(1) 개미는 비둘기 때문에 살아났습니다. ( )

(2) 개미는 사냥꾼의 얼굴을 깨물었습니다. ( )

(3) 개미는 물을 마시다 강물에 빠졌습니다. ( )

해설 글의 앞부분에서 개미는 나뭇잎을 먼저 강가 물에 빠졌던 자신을 구해 준 비둘기에게 "비둘기야, 고마워!"라고 말했습니다. 비둘기도 사냥꾼이 발가락을 깨물어 자신의 목숨을 구해 준 개미가 고마웠을 것입니다.

**낱말 뜻 이해하기**

**2** ㉠에서 비둘기는 멀리멀리 날아가면서 개미에게 뭐라고 말했을까요? 빈칸에 들어갈 알맞은 말을 쓰세요.

해설 글의 앞부분에서 개미는 나뭇잎을 먼저 강가 물에 빠졌던 자신을 구해 준 비둘기에게 "비둘기야, 고마워!"라고 말했습니다. 비둘기도 사냥꾼이 발가락을 깨물어 자신의 목숨을 구해 준 개미가 고마웠을 것입니다.

"개미야, 고 마 워 !"

**내용 이해하고 활동하기**

**3** 숲에 사는 개미의 곤충 친구는 누가누가 있을까요? 보기에서 친구들의 이름을 찾아 빈칸에 쓰세요.

해설 '거미'는 거미줄에 매달려 있습니다. '매미'는 나무 위에서 '맴맴' 소리를 냅니다. '잠자리'는 날개가 4개 달려 있습니다. '무당벌레'는 몸에 점이 있습니다.

보기
• 매미　• 거미　• 잠자리　• 무당벌레

 거 미

 잠 자 리

 매 미

무 당 벌 레

## 이야기마당

### 개미와 베짱이

더운 여름, 개미는 땀을 뻘뻘 흘리며 부지런히 일했어요.

베짱이는 나무 아래에서 노래를 부르며 놀기만 했지요.

추운 겨울이 되었어요.

춥고 배고픈 베짱이는 개미에게 갔어요.

"개미야, 배가 고파서 왔어. 먹을 것 좀 줄래?"

"베짱이야, 얼른 들어와. 내가 먹을 걸 줄게."

*잘 듣고 따라 읽어 보세요.*

해설 개미는 여름 내내 땀을 흘리며 부지런히 일해서 겨울을 준비했어요. 그런데 개미른 베짱이는 여름 내내 놀기만 하고 겨울 준비를 못했어요.

**1** 제목을 바꾸어 쓰려고 해요. 빈칸에 들어갈 알맞은 말을 보기 에서 찾아 쓰세요.

보기
• 게으른 • 부지런한

개미와 베짱이 → 부지런한 개미와 게으른 베짱이

**마당 2** 베짱이에게 해 주고 싶은 말이 무엇인지 말해 보세요.

 베짱이야, 개미에게 고맙다고 해야 해.

 (예) 베짱이야, 이젠 너도 개미처럼 부지런히 일하도록 해.

해설 만약 개미가 모두 착했으면 베짱이는 추운 겨울에 먹지도 못하고 굶어 죽었을 것입니다. 개미에게 고마운 마음을 갖고 이제는 베짱이도 열심히 일해야겠다는 생각을 해야 할 것입니다.

---

## 어휘 쏙쏙~

*소리 내 쓴 글자는 따라 쓰세요.*

친구와 웃어른께 하는 인사말을 따라 써 봅니다.

어휘 살짜우기

| 친구 | 웃어른 |
|---|---|
| 안 녕 ? | 안 녕 하 세 요 ? |
| 고 마 워 . | 고 맙 습 니 다 . |
| 고 마 워 . | 감 사 합 니 다 . |
| 미 안 해 . | 죄 송 합 니 다 . |

### 알고 있니? 개미의 세계

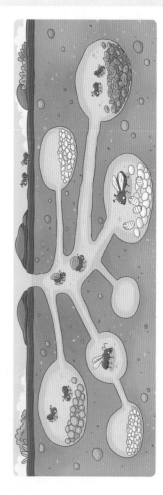

개미는 여왕개미·수개미·일개미로 나누어져요. 몸이 가장 큰 여왕개미는 알을 낳는 일만 해요. 여왕개미와 수개미는 둘 다 날개가 달렸어요. 일개미는 자기 몸무 게의 30~40배를 들 수 있어요. 일개미는 집짓기, 먹이 구해 오기, 알과 애벌레 보 살피기, 적과 싸우기 등의 일을 합니다.

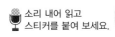 소리 내어 읽고 스티커를 붙여 보세요.

 읽었어요!

 잘 듣고 따라 읽어 보세요.

# 수영을 배워요

처음 수영*을 배우는 날이에요. 두근두근*, 가슴이 뛰어요.

선생님을 따라 준비 운동을 했어요.

"하나, 둘, 셋, 넷."

물에 들어가기 전에는 꼭 준비 운동을 해야 한대요.

그리고 수영장 물에 발을 담그고 빙 둘러앉았어요.

"얘들아, 이제부터 물장구를 쳐 볼까?"

수영을 하거나 물에서 놀 때 발등으로 물 위를 계속 치는 일

첨벙첨벙, 너무 신나고 재미있어요.

물속을 걷거나 물장구를 칠 때 나는 소리

이제 물에 들어가는 것도 무섭지 않아요.

"선생님, 얼른 수영하는 거 가르쳐 주세요."

*수영: 물속에서 헤엄치는 것.
*두근두근: 매우 놀라고 걱정되거나 기분이 좋아서 가슴이 자꾸 크게 뛰는 모양을 나타내는 말.

---

글의 내용 이해하기

**1** 이 글의 내용으로 알맞은 것에 모두 ○표 하세요.

(1) 수영을 마지막으로 배우는 날입니다. ( )

(2) 수영을 하려면 물에 들어가야 합니다. ( ○ )

(3) 물에 들어가기 전에 준비 운동을 합니다. ( ○ )

해설 처음 수영을 배우는 날이어서, 무섭기도 하고 떨리기도 하여 가슴이 두근두근 뛰었습니다.

낱말 뜻 이해하기

**2** 다음 빈칸에 들어갈 알맞은 낱말을 쓰세요.

(1) 친구들과 물장구를 쳐요. | 첨 | 벙 | 첨 | 벙 | 소리가 나요.

(2) 수영 배우기가 겁나요. 그래서 가슴이 | 두 | 근 | 두 | 근 | 뛰어요.

해설 (1) '첨벙첨벙'은 물장구를 치거나 물에 무거운 물건이 떨어질 때 나는 소리를 나타내는 말입니다.
(2) '두근두근'은 걱정이 되어 무섭거나 너무 좋아서 가슴이 뛰는 모양을 나타내는 말입니다.

내용 이해하고 활동하기   해설 물에 들어가기 전에는 몸을 풀어 주는 '준비 운동'을 합니다. 물에 발을 담그고 발을 힘차게 차는 것은 '물장구'입니다.

**3** 주어진 말에 맞는 그림은 무엇일까요? 스티커에서 찾아 붙이고 따라 써 보세요.
스티커

| 준 | 비 | 운 | 동 |   | 물 | 장 | 구 |

## 이야기카드

### 처음이라서요

잘 듣고 따라 읽어 보세요.

처음으로 하늘을 날아요. 아기 새 가슴은 두근두근.

알을 깨고 밖으로 나와요. 병아리 가슴은 콩닥콩닥.
크게 놀라서 가슴이 세게 뛰는 모양이나 소리

처음으로 교실에 들어가요. 내 다리는 후들후들.
팔이나 다리 등이 계속 떨리는 모양

왜 이렇게 떨리죠?

처음이라서요.

**1** 이 글을 읽고 바르게 말한 친구에 ○표 하세요.

> 병아리는 처음으로 하늘을 나는 것이 떨린다고 했어.

(        )

> 나는 처음으로 교실에 들어가는 것이 떨려서 다리가 후들후들했어.

(   ○   )

해설 병아리는 알을 깨고 밖으로 나오는 것이 떨린다고 했습니다. 처음으로 하늘을 날 때 떨린다고 한 것은 새입니다.

### 말하기 2

유치원에 처음 갈 때, 내 마음은 어땠는지 말해 보세요.

> 유치원에 처음 혼자 들어갈 때 떨려서 울었어요.

> 예 친구들과 함께 놀 생각을 하니 기뻤어요.

해설 처음 유치원에 갈 때는 궁금하기도 하고, 설레기도 하고, 떨리기도 했을 것입니다. 각자 처음 유치원에 갔던 날을 생각해 보고 자유롭게 이야기해 보세요.

---

## 어휘야 놀자~

흐리게 쓴 글자는 따라 쓰세요.

**어휘 살찌우기**

동작에 어울리는 말을 따라 써 봅니다.

> 신나서 가볍게 뛰는 동작이야.

> 동그라미를 그리듯이 도는 동작이야.

폴 짝 폴 짝          빙 글 빙 글

---

## 알고 있니?   수영장에서 지켜야 할 것

수영장에서 수영을 할 때 지켜야 할 것들이 있습니다.

물에 들어가기 전에 몸을 깨끗이 씻어요.

물에 들어가기 전에 준비 운동을 해요.

바닥이 미끄러우니 뛰어다니지 않아요.

음식물을 먹고 바로 수영하지 않아요.

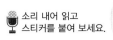

소리 내어 읽고 스티커를 붙여 보세요.
읽었어요
잘 듣고 따라 읽어 보세요.

# 코끼리를 말해요

선생님은 아이들에게 눈을 가리고 코끼리를 만져 보게 했어요. 코끼리가 어떻게 생겼는지 말해 보게 하려고요.

"여러분, 코끼리가 어떻게 생겼지요?"

아이들은 대답했어요.

"커다란 통나무처럼 생겼어요."

"아니에요, 뱀처럼 생겼어요."

"선생님, 기다란 밧줄처럼 생겼어요."
굵고 길게 꼬아서 만든 줄

선생님은 아이들의 대답을 듣고 말씀하셨어요.

"여러분 모두 맞아요. 코끼리 다리는 통나무처럼, 코는 뱀처럼 생겼어요. 꼬리는 밧줄처럼 생겼어요."

글의 내용 이해하기

**1** 이 글의 내용으로 알맞은 것에 모두 ○표 하세요.

(1) 아이들은 눈을 가렸습니다. ( ○ )
(2) 한 아이는 코끼리가 밧줄처럼 생겼다고 말했습니다. ( ○ )
(3) 선생님은 그림으로 코끼리를 그려 아이들에게 보여 주었습니다. ( )

해설 눈을 가리고 코끼리를 만져 본 아이들은 코끼리가 통나무, 뱀, 밧줄처럼 생겼다고 자기가 만져 본 부분에 대해 말했습니다. 선생님은 아이들의 말을 듣고 코끼리가 어떻게 생겼는지 자세히 말해 주었습니다.

내용 이해하고 활동하기

**2**  아이들이 말한 코끼리의 모양에 맞게 스티커를 붙여 보세요.

해설 아이들이 눈을 가리고 코끼리를 만져 보았습니다. 그리고 다리는 통나무처럼, 코는 뱀처럼, 꼬리는 밧줄처럼 생겼다고 말했습니다.

배경지식 활용하여 추론하기
해설 이야기를 읽고, 그림을 보며 상상해 보세요. 모자처럼 보이지만 코끼리를 통째로 먹어서 몸이 늘어난 뱀의 모습입니다.

**3** 다음 글을 읽고, 빈칸에 들어갈 알맞은 말을 쓰세요.

무엇일까요?
모자 같다고요. 아니에요.
뱀이 | 코 | 끼 | 리 | 을/를 한입에
꿀꺽 먹은 그림이에요.

# 이야기카드

## 코끼리는 코가 손인가 봐요

잘 듣고 따라
읽어 보세요.

내가 덥다고 하면

코끼리는 코로 물을 뿌려 줘요.

"고마워. 이거 먹어."

내가 먹이를 주면

코끼리는 코로 받아 먹어요.

**1** 코끼리가 코로 한 일에 모두 ○표 하세요

(1) 코끼리는 코로 물을 뿌렸습니다. ( ○ )

(2) 코끼리는 코로 먹이를 받았습니다. ( ○ )

(3) 코끼리는 코로 나무에 매달렸습니다. ( )

해설 코끼리는 덥다고 하는 나에게 코로 물을 뿌려 주고, 내가 준 먹이를 코로 받아 먹었습니다.

**2** 다음 물건을 보고, 코끼리 코를 닮은 부분에 색칠해 보세요.

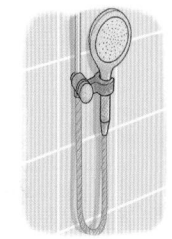

청소기　　　　　샤워기

해설 집에서 사용하는 물건 중에서 코끼리 코를 닮은 것을 찾아봅니다. 청소할 때 쓰는 청소기의
줄, 목욕할 때 쓰는 샤워기 줄 등이 코끼리의 코와 닮았습니다.

---

## 어휘야 놀자~

흐리게 쓴 글자는 따라 쓰세요.

어휘
살찌우기

우리 얼굴에 있는 것들을 따라 써 봅니다.

귀
**귀**

입
**입**

눈
**눈**

코
**코**

## 알고 있니? 사라진 동물들

　아주 오래 전에 살았지만 지금은 사라진 동물들이 있어요. 그중에는 크기가 엄청
큰 매머드와 공룡이 있어요.

　매머드는 온 세상이 얼음으로 덮인 시대에 살았어요. 공룡은 나뭇잎이나 열매만
먹는 공룡이 있었고, 풀을 안 먹고 동물을 잡아먹는 공룡이 있었어요.

코끼리와 비슷하게
생겼지만
나는 **매머드**야.
크게 휘어진 이빨과
긴 털이 특징이지.

나는 코 위에 1개,
이마에 2개의
뿔을 가진 공룡,
**트리케라톱스**야.
코뿔소랑 닮았지?

나는 강한 이빨과
턱을 갖고 있는 공룡,
**티라노사우루스**야.

나는 꼬리의 힘이
강한 공룡,
**스테고사우루스**야.

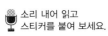

소리 내어 읽고
스티커를 붙여 보세요.

잘 듣고 따라
읽어 보세요.

# 어떤 집을 지을까?

아기 돼지 삼형제는 혼자서 살 집을 짓기로 했어요.

첫째 돼지는 나뭇잎을 모아 집을 지었어요.

둘째 돼지는 나뭇가지를 주워다가 집을 지었고요.

셋째 돼지는 벽돌로 튼튼하게 집을 지었지요.

흙과 모래를 섞어 네모 모양으로 만든 돌

숲속에 사는 늑대가 돼지 마을에 나타났어요.

배가 고픈 늑대는 아기 돼지들을 잡아먹으려고 했어요.

아기 돼지들의 집을 후후~ 하고 불었어요.

첫째 돼지, 둘째 돼지네 집이 우당탕 무너졌어요.

㉠그런데 셋째 돼지의 집은 무너지지 않았어요.

형 돼지들은 놀라서 셋째 돼지네 집으로 도망갔어요.

늑대는 할 수 없이 숲속으로 돌아갔지요.

아기 돼지 삼형제는 튼튼한 벽돌집에서 행복하게 살았답니다.

---

**글의 내용** 이해하기

**1** 이 글의 내용으로 알맞은 것에 모두 ○표 하세요.

(1) 아기 돼지 삼형제는 각자 따로 살 집을 짓기로 했습니다. ( ○ )

(2) 아기 돼지 삼형제는 벽돌집에서 함께 살았습니다. ( ○ )

(3) 늑대는 아기 돼지 삼형제와 친구가 되었습니다. ( )

해설 늑대는 아기 돼지 삼형제를 잡아먹지 못하고 숲속으로 돌아갔습니다.

**세부 내용** 이해하기

**2** 아기 돼지 삼형제는 각자 무엇으로 집을 지었는지 알맞게 줄(-)로 이으세요.

(1) 첫째 돼지          • 벽돌

(2) 둘째 돼지          • 나뭇가지

(3) 셋째 돼지          • 나뭇잎

해설 첫째, 둘째, 셋째 돼지는 각자 혼자서 살 집을 나뭇잎, 나뭇가지, 벽돌로 지었습니다.

**배경지식 활용하여** 추론하기

**3** ㉠에서 셋째 돼지의 집은 왜 무너지지 않았을까요? 빈칸에 들어갈 알맞은 말을 보기 에서 찾아 쓰세요.

보기

• 튼튼하게     • 아름답게     • 간단하게

셋째 돼지는 | 튼 | 튼 | 하 | 게 | 집을 지었기 때문입니다.

해설 셋째 돼지는 벽돌로 튼튼하게 집을 지었기 때문에 늑대가 바람을 불어도 날아가지 않았던 것입니다.

## 이야기카드

# 나도 얼음집에서 살래!

잘 듣고 따라 읽어 보세요.

아주 추운 곳에 사는 사람들은

눈덩이와 얼음으로 둥글게 집을 지어요.

얼음으로 지었지만 집 안은 따뜻해요.

안에서 불을 피워도 녹지 않아요.

얼음집은 참 신기한 집이에요.

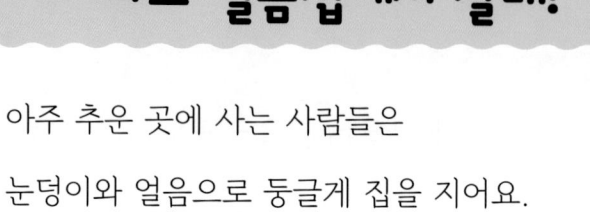

**1** 아주 추운 곳에 사는 사람들은 무엇으로 집을 짓나요? 빈칸에 들어갈 알맞은 말을 쓰세요.

| 눈 | 덩 | 이 |
|---|---|---|

와/과 얼음으로 얼음집을 짓습니다.

해설 추운 곳에 사는 사람들은 눈덩이와 얼음으로 얼음집을 짓습니다.

**말하기 2** 얼음집을 보고 궁금한 것은 무엇인지 자유롭게 말해 보세요.

얼음집 안의 바닥은 무엇으로 만드는지 궁금해.

예 얼음집 안에는 몇 명이 들어갈 수 있는지 궁금해.

해설 얼음집을 '이글루'라고도 합니다. 얼음으로 지은 이글루에서는 보통 5명 정도가 들어가 살 수 있습니다. 바닥에는 사냥으로 잡은 동물의 가죽 같은 것을 깔아서 따뜻하게 합니다.

---

# 어휘야 놀자~

흐리게 쓴 글자는 따라 쓰세요.

**어휘 살찌우기**

'나'와 언니, 오빠, 누나, 동생 등의 가족 관계를 나타내는 낱말을 따라 써 봅니다.

| 형 | 제 | 형 | 제 | 형 | 제 |
|---|---|---|---|---|---|

형과 남동생 사이를 형제라고 합니다.

| 자 | 매 | 자 | 매 | 자 | 매 |
|---|---|---|---|---|---|

언니와 여동생 사이를 자매라고 합니다.

| 남 | 매 | 남 | 매 | 남 | 매 |
|---|---|---|---|---|---|

오빠와 여동생, 누나와 남동생 사이를 남매라고 합니다.

**낱말+낱말로 만드는 낱말**

'나무'와 합쳐질 때 'ㅅ(시옷)'이 들어가는 낱말을 알아보고 따라 써 봅시다.

나무 + ㅅ + 잎 ➡ 나뭇잎

나무 + ㅅ + 가지 ➡ 나뭇가지

나무 + ㅅ + 조각 ➡ 나뭇조각

# 한눈에 보는 답

ERI 독해가 문해력이다 **P단계**

3주차 정답과 해설

## 1회  분수 안에 요정이 있을까?

본문 76~77쪽   동네     공원     분수     요정

본문 79쪽  **1** (1) ○ (2) ○    **2** 춤 / 노래    **3** 요정, 정원, 원숭이

본문 80쪽  **이야기카드** 고래는 움직이는 분수

**1** (2) ○    **2**

## 2회  누가 파란 구슬을 찾아올까?

본문 82~83쪽   눈물     물고기     왕자     부자

본문 85쪽  **1** (2) ○ (3) ○    **2** 부자    **3**

본문 86쪽  **이야기카드** 누가 용왕님 약을 구할까?

**1** (    ) (    ) ( ○ )

**2** 예 토끼는 길고 커다란 귀가 쫑긋 서 있어.

## 3회  소풍 가는 길

본문 88~89쪽   소풍     다람쥐     시냇물     징검다리

본문 91쪽  **1** (1) ○ (3) ○    **2** 징검다리 / 큰 나무    **3** 도토리

본문 92쪽  **이야기카드** 두 마리 염소

**1** (1) ○

**2** 예 염소 한 마리가 먼저 지나가고 나서 다른 한 마리가 지나가면 됩니다.

## 4회  이런 물건이 있다면?

본문 94~95쪽   연필     지우개     바퀴     가방

본문 97쪽  **1** (1) ○ (3) ○

**2**     **3**

본문 98쪽  **이야기카드** 스마트폰 세상

**1** (2) ○    **2** 예 신나는 노래를 들으며 춤을 추었습니다.

## 5회  우리나라

본문 100~101쪽   여름     겨울     태극기     무궁화

본문 103쪽  **1** (1) ○ (2) ○    **2**  / 태극기

**3** 봄 / 여름 / 가을 / 겨울

본문 104쪽  **이야기카드** 제주도

**1** (2) ○    **2** 한라산 / 돌하르방

## 분수 안에 요정이 있을까?

소리 내어 읽고
스티커를 붙여 보세요.

잘 듣고 따라
읽어 보세요.

우리 마을에는 멋진 곳이 많아요.

아빠, 엄마와 함께 자전거 타기 좋은 길도 있고요.

친구들과 놀기 좋은 놀이터도 있어요.

그런데 나는 공원 안에 있는 분수를 가장 좋아해요.
물이 솟아오르거나 나오게 만든 것

시원하게 물이 올라오는 분수를 보면 기분이 좋아요.

분수에서 떨어지는 물소리는 노래처럼 들려요.
물이 흐르거나 부딪치면서 나는 소리

분수의 물은 하늘 높이 올라가기도 해요.

그럴 때는 분수가 춤을 추는 것 같아요.

쉿! 어쩌면 물의 요정이 분수 안에 숨어 있는지도 몰라요.
사람과 비슷하게 생겼으며, 특별한 능력을 가지고 있음

글의 내용  이해하기

**1** 이 글의 내용으로 알맞은 것에 모두 ○표 하세요.

(1) 우리 동네에는 자전거 타기 좋은 길이 있습니다.  (  ○  )

(2) '나'는 우리 동네에서 분수를 가장 좋아합니다.  (  ○  )

(3) 분수는 우리 집 앞에 있습니다.  (    )

해설  우리 동네 멋진 곳 중에 '나'는 공원 안에 있는 분수를 가장 좋아합니다.

세부 내용  이해하기

**2** 이 글에서 '나'는 '분수'에 대해 어떻게 생각했는지 쓰세요.

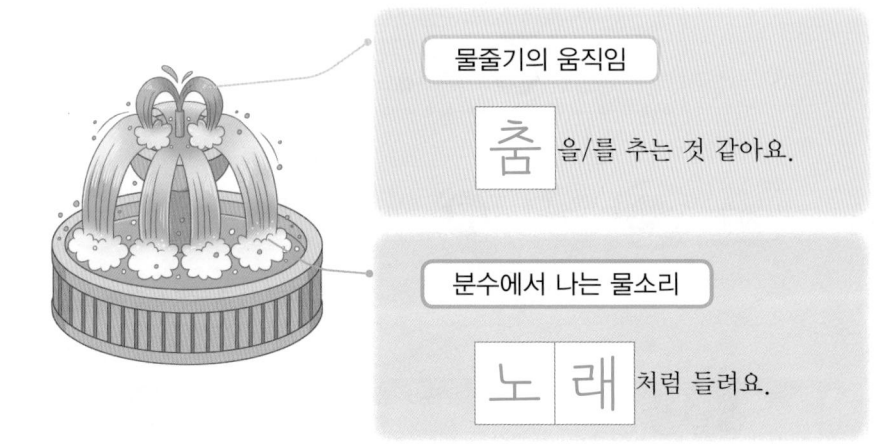

물줄기의 움직임

춤 을/를 추는 것 같아요.

분수에서 나는 물소리

노 래 처럼 들려요.

해설  '나'는 분수에서 떨어지는 물소리는 노래처럼 들리고, 분수의 물줄기가 하늘 높이 올라가는 모습은 마치 춤을 추는 것 같다고 생각했습니다.

낱말 뜻  이해하기  해설  끝말잇기는 앞 낱말의 끝나는 글자로 다음 낱말을 시작하는 놀이입니다. '정원'은 집 안에 있는 뜰이나 꽃밭을 말합니다.

**3** 끝말잇기를 하고 있습니다. 빈칸에 들어갈 알맞은 낱말을 쓰세요. (앞 낱말의 끝나는 글자로 시작하는 낱말을 쓰면 됩니다.)

요 정      정 원      원 숭 이

잘 듣고 따라
읽어 보세요.

# 고래는 움직이는 분수

고래는 사람처럼 콧구멍으로 숨을 쉬어요.

몸이 엄청 큰, 바다에 사는 동물

고래의 콧구멍은 머리 위에 있어요.

그래서 숨을 쉴 때는 물 위로 올라와요.

그리고 콧구멍으로 물을 분수처럼 내보내면서 숨을 쉬

지요.

**1** 고래가 물을 내뿜는 이유로 알맞은 것에 ○표 하세요.

(1) 사람들에게 잡히지 않기 위해서입니다.　　　　(　　　)

(2) 물 위로 올라가 숨을 쉬기 위해서입니다.　　　(　○　)

해설 고래는 사람처럼 물 밖에서 숨을 쉽니다. 코가 머리 위에 붙은 고래는 물속에서 헤엄을 치고 다니다가 숨을 쉬기 위해 물 위로 올라옵니다. 그리고 물을 내뿜으면서 공기를 들이마십니다.

**2** 스티커에서 ～를 찾아 알맞은 곳에 붙여서, 물을 내뿜는 고래를 만들
스티커
어 보세요.

해설 머리 위에 있는 고래의 콧구멍 부분에 스티커를 붙여 물을 내뿜는 고래를 완성하면 됩니다.

---

흐리게 쓴 글자는 따라 쓰세요.

**어휘야 놀자~**

어휘
살찌우기

재미있는 우리말을 따라 써 봅니다.

**고래고래** 몹시 화가 나거나 다른 사람을 혼낼 때 목소리를 아주 크게 외치는 모양을 나타냅니다.

| 고 | 래 | 고 | 래 |

**? 알고 있니?** 풍선 인형 분수를 만들어요

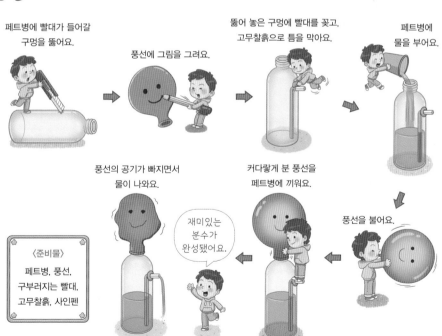

페트병에 빨대가 들어갈 구멍을 뚫어요.

풍선에 그림을 그려요.

뚫어 놓은 구멍에 빨대를 꽂고, 고무찰흙으로 틈을 막아요.

페트병에 물을 부어요.

풍선의 공기가 빠지면서 물이 나와요.

커다랗게 분 풍선을 페트병에 끼워요.

풍선을 불어요.

재미있는 분수가 완성됐어요.

〈준비물〉
페트병, 풍선, 구부러지는 빨대, 고무찰흙, 사인펜

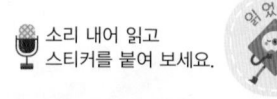

ERI지수 **135** 인문 | 문학

🎤 소리 내어 읽고 스티커를 붙여 보세요.

잘 들고 따라 읽어 보세요.

# 누가 파란 구슬을 찾아올까?

옛날, 바닷가에 사는 할아버지가 큰 물고기를 잡았어요.

"할아버지, 저는 바닷속 왕자예요. 제발 살려 주세요."

물고기는 눈물을 뚝뚝 흘리며 빌었어요.

"저를 살려 주시면, 이 파란 구슬을 드릴게요."

할아버지는 울고 있는 물고기를 놓아주었지요.

파란 구슬은 말을 하면 무엇이든 들어주었어요.

할아버지는 파란 구슬을 얻은 후 큰 부자가

되었지요. 하지만 얼마 후, 파란 구슬을 잃어

버렸어요. 그래서 다시 가난해졌어요.

할아버지가 키우던 개와 고양이는 슬퍼하는

할아버지를 위해 구슬을 찾으러 다녔어요.

그리고 마침내 고양이가 파란 구슬을

찾아 집으로 돌아왔답니다.

---

🐹 글의 내용 **이해하기**

**1** 이 글의 내용으로 알맞은 것에 모두 ○표 하세요.

(1) 할아버지는 파란 구슬을 바다에 버렸습니다. ( )

(2) 할아버지는 잡은 물고기를 놓아주었습니다. ( ○ )

(3) 파란 구슬은 말을 하면 무엇이든 들어주었습니다. ( ○ )

해설 ▶ 할아버지는 잡은 물고기를 놓아주고 파란 구슬을 받았습니다. 파란 구슬은 말을 하면 무엇이든 들어주었습니다.

🐻 글의 내용 **적용하기**

**2** 할아버지는 어떻게 되었을까요? 빈칸에 들어갈 알맞은 말을 쓰세요.

| | |
|---|---|
| 할아버지가 파란 구슬을 얻은 후 | 부자가 되었습니다. |
| 파란 구슬을 잃어버린 후 | 다시 가난해졌습니다. |
| 고양이가 파란 구슬을 찾아 돌아온 후 | 다시 **부 자** 이/가 되었을 것입니다. |

해설 ▶ 파란 구슬은 말을 하면 무엇이든 들어주는 신기한 구슬입니다. 이 파란 구슬 때문에 할아버지는 큰 부자가 된 것입니다. 그런데 파란 구슬을 잃어버리고 가난해졌던 할아버지는 고양이가 파란 구슬을 찾아왔으니까 다시 부자가 될 것입니다.

🐻 내용 이해하고 **활동하기**

**3** 개와 고양이의 모습을 잘 보고, 같은 모습끼리 줄(ㅡ)로 이으세요.

해설 ▶ 똑같은 그림을 찾아봅니다.

## 이야기카드

잘 듣고 따라 읽어 보세요.

# 누가 용왕님 약을 구할까?

바닷속 나라를 다스리는 용왕님이 병이 났어요.

용왕님의 병에는 땅에 사는 토끼가 약이래요.

문어와 고래가 깜짝 놀라며 말했어요.

"누가 땅으로 갈 수 있겠어요?"

그때 땅에서도 살 수 있는 거북이 나섰어요.

"제가 토끼를 잡아 오겠습니다. 토끼는 어떻게 생겼는

지 알려 주세요."

**1** 누가 토끼를 잡으러 가기로 하였나요? 알맞은 것에 ○표 하세요.

( )      ( )      ( ○ )

해설 바닷속에서도 땅에서도 살 수 있는 거북이 토끼를 잡아 오겠다고 하였습니다.

 **말하기 2**

내가 만약 '토끼'에 대해 설명한다면 뭐라고 말할지, 토끼의 특징에 대해 생각나는 대로 말해 보세요.

 토끼는 깡충깡충 뛰어다녀.

 (예) 토끼는 길고 커다란 귀가 쫑긋 서 있어.

해설 토끼는 당근이나 배춧잎 등 주로 채소를 먹습니다. 토끼털은 하얀색 털을 가진 토끼가 대부분이지만 검은색, 회색 등 종류에 따라 털 색깔이 다양합니다.

흐리게 쓴 글자는 따라 쓰세요.

**어휘 살찌우기**

수를 세는 단위를 나타내는 말을 알아보고 따라 써 봅니다.

사람 **명** → 두 명

물고기 **마리** → 두 마리

나무 **그루** → 두 그루

### ? 알고 있니? 생김새는 비슷해도 성격은 다른 거북과 자라

거북의 등딱지는 전체가 아주 딱딱해요. 그리고 무늬가 있고 울퉁불퉁하지요. 물속에서 살지만 때때로 물 밖으로 나와 엉금엉금 기어 다녀요.

자라의 등딱지는 딱딱하지 않아요. 자라는 알을 낳을 때 말고는 거의 물 밖으로 나오지 않아요.

거북은 이빨이 없어요. 순해서 만지면 등딱지 속으로 몸을 숨겨요. 하지만 자라는 사납고 이빨이 있어서 만지면 물어요. 물렸을 때는 흔들지 말고 물속에 넣으면 입을 벌린답니다.

나 건드리지 마!

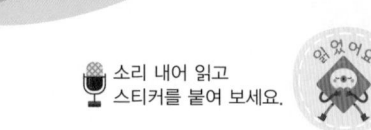

**ERI지수 148**  사회 | 지리

🎤 소리 내어 읽고
스티커를 붙여 보세요.

잘 듣고 따라
읽어 보세요.

# 소풍 가는 길

아기 다람쥐들이 소풍을 가요.

노래를 부르며 아름다운 숲길을 걸어가요.

졸졸 흐르는 시냇물이 나왔어요.
　물이 약하게 흐르는 소리를 나타내는 말

옷이 젖을까 걱정하지 말아요.
　　　　어떤 일이 잘못될까 마음이 편하지 않은 것

도토리가 든 가방이 젖을까 걱정하지 말아요.

마음씨 착한 곰 아저씨가 만들어 준 징검다리가 있어요.
마음을 쓰는 씀씀이와 태도　　　　　돌 사이를 떨어뜨려 놓아 만든 다리

줄을 서서 천천히 징검다리를 건너요.

이제 숲에서 제일 큰 나무만 지나면 도착이에요.
　　　　　　　　　　　　가려는 곳에 다 간 것

친구들과 놀이도 하고 맛있는 도토리도 먹을 거예요.

---

🐻 글의 내용  이해하기

**1** 이 글의 내용으로 알맞은 것에 모두 ○표 하세요.

(1) 아기 다람쥐들은 소풍을 가고 있습니다. 　　　( ○ )

(2) 아기 다람쥐들의 가방에는 사과가 들어 있습니다. 　( 　 )

(3) 시냇물에 놓인 징검다리는 곰 아저씨가 만들어 주었습니다. ( ○ )

해설 ▶ 아기 다람쥐들은 도토리를 가방에 넣고 소풍을 갔습니다.

🐻 세부 내용  이해하기

**2** 빈칸에 들어갈 알맞은 말을 이 글에서 찾아 쓰세요.

시냇물을 어떻게 건너지?

출발

징검다리 을/를 건너면 돼요.

언제 도착해요?

제일 큰나무 만 지나면 돼요.

도착

해설 ▶ 아기 다람쥐들은 곰 아저씨가 만들어 준 징검다리로 시냇물을 건넜습니다. 그리고 숲에서 제일 큰 나무를 지나 소풍 장소에 도착했습니다.

🐻 내용 이해하고  활동하기

**3** 아기 다람쥐들이 먹으려고 꺼낸 것에 ○표 하고, 무엇인지 쓰세요.

도토리

해설 ▶ 아기 다람쥐들은 점심때 먹으려고 가방에 도토리를 챙겨 왔습니다.

# 두 마리 염소

통나무 다리 한가운데에서 염소 두 마리가 만났어요.
바로 가운데

다리가 좁아서 두 마리 염소는 나란히 건널 수 없었어요.

"내가 먼저 왔어. 비켜." / "아니야. 내가 먼저 왔다고."

염소 두 마리는 서로 싸웠어요.

그러다 다리 아래로 떨어져 두 마리 모두 물에 빠졌어요.

**1** 염소 두 마리가 물에 빠진 까닭으로 알맞은 것에 ○표 하세요.

(1) 서로 먼저 다리를 건너려고 싸웠기 때문입니다. ( ○ )

(2) 통나무 다리가 부러져 있었기 때문입니다. ( )

해설 두 마리의 염소는 서로 양보하지 않고 통나무 다리를 먼저 지나가려고 싸웁니다. 그러다가 두 마리 모두 좁은 통나무 다리에서 떨어져 물에 빠졌습니다.

**말하기 2** 두 마리의 염소가 물에 빠지지 않고 다리를 건널 수 있는 방법은 무엇일지 말해 보세요.

둘이 힘을 합해 통나무를 하나 더 놓으면 두 마리가 같이 건널 수 있습니다.

(예) 염소 한 마리가 먼저 지나가고 나서 다른 한 마리가 지나가면 됩니다.

해설 서로 싸우지 않고 양보하여 한 마리가 먼저 건넌 다음 건너는 방법이 있습니다. 또 다른 방법은 좁은 다리를 넓혀서 동시에 두 마리가 지나갈 수 있게 할 수도 있습니다.

---

**어휘 살찌우기**

글자는 같고 뜻이 다른 낱말을 따라 써 봅니다.

다리가 있어서 물을 건널 수 있어.

## 다리

물 등을 건너갈 수 있게 만든 '다리'가 있고, 사람이나 동물 등이 서 있거나 걷는 일을 하는 '다리'가 있습니다.

다리가 짧아도 잘 달릴 수 있어.

다 리

다 리

**알고 있니?** 다람쥐야? 청설모야?

안녕, 너는 누구니?

나는 다람쥐야. 나는 도토리를 좋아해.

반가워, 다람쥐야. 또 만났네.

어, 난 다람쥐가 아니야. 청설모야.

누가 다람쥐고, 누가 청설모야?

나는 청설모, 몸에 줄무늬가 없지.

나는 다람쥐, 몸에 줄무늬가 있어.

이제 우리가 누구인지 맞춰 봐.

그럼, 너는 다람쥐.

그럼, 너는 청설모.

# 이런 물건이 있다면?

연필로 글씨를 쓰다가 틀렸어요.
　　　　잘못 쓴 글씨

다시 고쳐 써야 하는데, 지우개가 보이지 않아요.
　　　　지우고 다시 쓰는 데 필요한 학용품

'연필에 지우개가 달려 있으면 좋을 텐데.'

친구 집에 놀러 가려고 해요.

친구와 책도 같이 읽고, 그림도 그리고 싶어요.

그래서 가방에 책을 넣었어요. 조금 많아요. 그림 그릴 색연필

도 넣었구요. 그랬더니 가방이 무거워졌어요.
　　　　가방에 이것저것 많이 넣었더니

'가방에 바퀴가 달려 있다면, 끌고 가면 될 텐데.'
　　　　안 무거울 텐데

그런데 나만 이런 생각을 한 게 아니었나 봐요.

지우개 달린 연필, 바퀴 달린 가방을 만든 사람이 있더라고요.

---

### 글의 내용 이해하기

**1** 이 글의 내용으로 알맞은 것에 모두 ○표 하세요.

(1) 연필로 글씨를 쓰다가 틀렸습니다.　　　　( ○ )

(2) 가방에는 인형과 색연필을 넣었습니다.　　　　(  )

(3) 바퀴 달린 가방을 만든 사람이 있었습니다.　　　　( ○ )

해설 가방에는 책과 함께 색연필을 넣었습니다. 그리고 지우개 달린 연필, 바퀴 달린 가방은 벌써 만들어졌습니다.

### 세부 내용 이해하기

**2 스티커** 다음 물건은 어떤 것이 합쳐져서 만들어졌는지, 스티커를 붙이고 따라 써 보세요.

연 필 ＋ 지 우 개

해설 연필로 글씨를 쓰다가 틀렸을 때는 지우개로 틀린 부분을 지우고 다시 쓰면 됩니다. 연필과 지우개가 같이 붙어 있으면 글씨를 쓰고 지울 때 편리합니다.

### 내용 이해하고 활동하기

해설 그림 중 사람 얼굴과 머리카락, 꽃을 지웠습니다. 지워진 부분을 자유롭게 그려 그림을 완성해 보세요.

**3** 동생이 지우개로 그림을 조금 지웠습니다. 지워진 부분을 다시 그려 보세요.

## 이야기카드

# 스마트폰 세상

우리 아빠 어릴 적에는요.

걸어다니면서 전화를 할 수 없었고요.

사진을 찍으려면 꼭 사진기가 있어야 했대요.

그런데 지금은 스마트폰만 있으면요.

집 밖에서도 전화를 걸 수 있고, 사진도 찍을 수 있어요.

재미있는 만화 영화도 볼 수 있고요.

**1** 아빠의 어릴 적에는 할 수 없었지만 지금은 할 수 있는 것에 ○표 하세요.

(1) 사진기가 없으면 사진을 찍을 수 없습니다. ( )

(2) 공원에 앉아서 멀리 있는 사람과 전화를 할 수 있습니다. ( ○ )

> 해설 ▶ 아빠 어릴 적에는 전화기를 들고 자유롭게 다니면서 전화를 할 수 없었습니다. 또 사진을 찍으려면 사진기가 필요했습니다. 그러나 지금은 스마트폰 하나로 어디서든 전화도 할 수 있고, 사진도 찍을 수 있고, 만화 영화도 볼 수 있게 되었습니다.

**말하기 2** 스마트폰으로 해 본 것을 말해 보세요.

> 내가 만든 눈사람을 찍었습니다.

> 예 신나는 노래를 들으며 춤을 추었습니다.

> 해설 ▶ 스마트폰으로 할 수 있는 일이 많습니다. 얼굴을 보며 통화도 할 수 있고, 움직이는 동영상도 찍어서 볼 수 있습니다. 그리고 내가 궁금한 것들을 찾아볼 수도 있습니다. 하지만 스마트폰을 오래 사용하는 것은 올바른 이용법이 아닙니다.

---

# 어휘야 놀자~

**어휘 살찌우기** 우리가 쓰는 물건 중 외래어로 된 것을 따라 써 봅니다.

> 자, 예쁘게 사진 찍자.

> 할머니, 엄마랑 내일 갈게요.

> 나도 텔레비전에 나오면 얼마나 좋을까?

스 마 트 폰     텔 레 비 전

> 도움말 '외래어'는 다른 나라에서 온 말로 국어에서 널리 쓰이는 말입니다.

## 알고 있니? 양치기 소년의 반짝이는 생각으로 만들어진 철조망

**ERI지수**
**126** 사회 | 지리

🎤 소리 내어 읽고
스티커를 붙여 보세요.

읽었어요!

잘 듣고 따라
읽어 보세요.

# 우리나라

우리나라는 봄, 여름, 가을, 겨울이 있어요.
　　　　　사계절

봄은 햇빛이 따뜻하고요.

여름에는 바다에서 수영도 할 수 있고요.

가을에는 나뭇잎들이 노랗게, 빨갛게 물들어요.

겨울에는 하얀 눈도 볼 수 있어요.

우리나라를 나타내는 깃발은 태극기예요. 가운데 **빨강**, **파랑**
　　　　국기　　　　　　　　　　　　　　태극 모양이라고 함

으로 된 동그라미 모양이 있어요.

우리나라 꽃은 무궁화예요. 무궁화는 피고 또 피어서 지지 않

는 꽃이라는 뜻이래요.

저는 우리나라에 대해 더 많이 알고 싶어요.

---

🐻 **글의 내용** **이해하기**

**1** 이 글의 내용으로 알맞은 것에 모두 ○표 하세요.

(1) 우리나라 꽃은 무궁화입니다. （ ○ ）

(2) 우리나라는 봄, 여름, 가을, 겨울이 있습니다. （ ○ ）

(3) 무궁화는 향기가 멀리 퍼진다는 뜻을 갖고 있습니다. （ 　 ）

해설 우리나라 꽃인 무궁화는 피고 또 피어서 지지 않는다는 뜻을 가지고 있습니다.

🐻 **내용 이해하고** **활동하기**

**2** 우리나라 국기를 색칠하고, 무엇이라고 부르는지 이름을 쓰세요.

| 태 | 극 | 기 |

해설 가운데 빨강, 파랑의 태극 무늬가 있는 우리나라의 국기는 태극기입니다.

🐻 **배경지식 활용하여** **추론하기**

해설 우리나라는 사계절이 있습니다. 새싹이 돋아나고 꽃이 피는 따뜻한 봄, 더운 날씨와 나무가 울창해지는 여름, 시원한 바람과 단풍 그리고 곡식이 익는 가을, 추운 날씨와 흰 눈이 내리는 겨울이 있습니다.

**3** 다음 그림은 어느 계절을 나타내고 있는지 쓰세요.

| 봄 | 여 름 | 가 을 | 겨 울 |

# 제주도

섬은 바다로 둘러싸인 곳이에요.

우리나라에서 가장 큰 섬은 어디일까요?

그건 우리나라 남쪽에 있는 제주도예요.

제주도에는 우리나라에서 제일 높은 한라산이 있어요.

돌로 만든 할아버지, 돌하르방도 있고요.

① **제주도에 대한 설명으로 알맞은 것에 ○표 하세요.**

(1) 제주도는 우리나라 동쪽 끝에 있습니다. ( )
(2) 제주도는 우리나라에서 가장 큰 섬입니다. ( ○ )

해설 ▶ 제주도는 우리나라 남쪽에 있는 가장 큰 섬입니다.

② **제주도에 있는 다음 두 가지는 무엇인지 쓰세요.**

| 한 | 라 | 산 |
|---|---|---|

| 돌 | 하 | 르 | 방 |
|---|---|---|---|

해설 ▶ 제주도에는 우리나라에서 가장 높은 한라산과 돌로 만든 할아버지, 돌하르방이 있다고 했습니다.

---

어휘야 놀자~

**어휘 살찌우기** 세계 지도에서 우리나라를 찾아보고, 우리나라 이름을 써 봅니다.

| 대 | 한 | 민 | 국 |
|---|---|---|---|

| 대 | 한 | 민 | 국 |
|---|---|---|---|

## 알고 있니? 화산은 어떻게 만들어졌지?

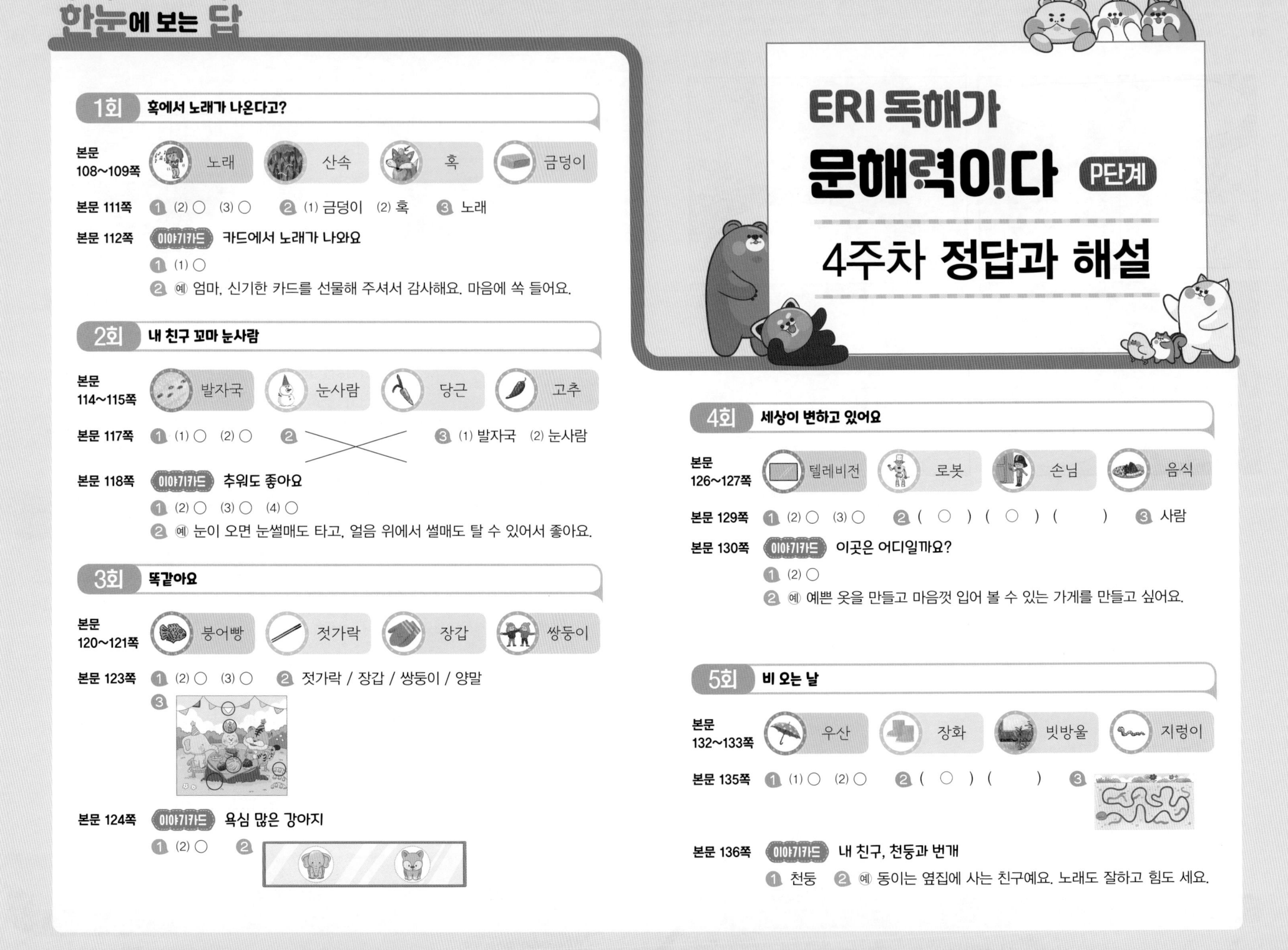

# 한눈에 보는 답

## ERI 독해가 문해력이다 P단계

## 4주차 정답과 해설

### 1회 혹에서 노래가 나온다고?

본문 108~109쪽 노래 | 산속 | 혹 | 금덩이

본문 111쪽 **1** (2) ○ (3) ○ **2** (1) 금덩이 (2) 혹 **3** 노래

본문 112쪽 **이야기카드** 카드에서 노래가 나와요
**1** (1) ○
**2** 예 엄마, 신기한 카드를 선물해 주셔서 감사해요. 마음에 쏙 들어요.

### 2회 내 친구 꼬마 눈사람

본문 114~115쪽 발자국 | 눈사람 | 당근 | 고추

본문 117쪽 **1** (1) ○ (2) ○ **2** ✕ **3** (1) 발자국 (2) 눈사람

본문 118쪽 **이야기카드** 추워도 좋아요
**1** (2) ○ (3) ○ (4) ○
**2** 예 눈이 오면 눈썰매도 타고, 얼음 위에서 썰매도 탈 수 있어서 좋아요.

### 3회 똑같아요

본문 120~121쪽 붕어빵 | 젓가락 | 장갑 | 쌍둥이

본문 123쪽 **1** (2) ○ (3) ○ **2** 젓가락 / 장갑 / 쌍둥이 / 양말
**3**

본문 124쪽 **이야기카드** 욕심 많은 강아지
**1** (2) ○ **2**

### 4회 세상이 변하고 있어요

본문 126~127쪽 텔레비전 | 로봇 | 손님 | 음식

본문 129쪽 **1** (2) ○ (3) ○ **2** ( ○ ) ( ○ ) ( ) **3** 사람

본문 130쪽 **이야기카드** 이곳은 어디일까요?
**1** (2) ○
**2** 예 예쁜 옷을 만들고 마음껏 입어 볼 수 있는 가게를 만들고 싶어요.

### 5회 비 오는 날

본문 132~133쪽 우산 | 장화 | 빗방울 | 지렁이

본문 135쪽 **1** (1) ○ (2) ○ **2** ( ○ ) ( ) **3**

본문 136쪽 **이야기카드** 내 친구, 천둥과 번개
**1** 천둥 **2** 예 동이는 옆집에 사는 친구예요. 노래도 잘하고 힘도 세요.

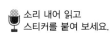 소리 내어 읽고 스티커를 붙여 보세요.

 읽었어요!

 잘 듣고 따라 읽어 보세요.

# 혹에서 노래가 나온다고?

옛날에 얼굴에 큰 혹이 달린 할아버지가 살았어요.
> 몸에 붙어 있는 쓸모없는 살

어느 날, 산속에서 도깨비들을 만난 할아버지는 무서워서 노
> 신기한 힘과 재주를 갖고 있는 이야기 속 인물

래를 불렀어요. 도깨비들은 할아버지의 혹에서 노래가 나온다

고 생각했어요. 그래서 금덩이를 많이 주고 할아버지의 혹을 가

져갔어요. 할아버지는 혹도 없어지고 부자가 되었지요.

이웃 마을에도 혹이 달린 할머니가 살고 있었어요. 할머니는

할아버지처럼 혹도 없애고 부자가 되고 싶었어요. 그래서 도깨

비들을 찾아가 노래를 불러 주며 말했어요.

"얼굴에 달린 이 혹을 사 가시오."

그러자 도깨비들은 말했어요.

"이제 안 속아. ㉠할아버지 혹도

필요 없으니 가져가시오."

할머니는 할아버지의 혹까지 달고

돌아왔어요.

---

## 글의 내용 이해하기

**1** 이 글의 내용으로 알맞은 것에 모두 ○표 하세요.

(1) 할아버지는 도깨비들과 함께 사이좋게 살았습니다. ( )
(2) 할아버지는 도깨비가 무서워서 노래를 불렀습니다. ( ○ )
(3) 할머니는 스스로 도깨비들을 찾아갔습니다. ( ○ )

> 해설 할아버지는 산속에서 도깨비들을 만나 혹을 주고 집으로 돌아왔습니다.

## 세부 내용 이해하기

**2** 다음 빈칸에 들어갈 알맞은 말을 이 글에서 찾아 쓰세요.

(1)

할아버지 → 도깨비들을 만난 후 → 도깨비에게 **금 덩 이** 을/를 많이 받았습니다.

(2)

할머니 → 도깨비들을 만난 후 → 도깨비에게 **혹** 하나를 받았습니다.

> 해설 혹이 달린 할아버지는 도깨비들에게 금덩이를 많이 받고 부자가 되었지만, 할머니는 혹 하나를 받고 혹이 두 개가 달리게 되었습니다.

## 내용 이해하고 추론하기

> 해설 도깨비들은 처음에 혹에서 노래가 나온다고 생각해서 할아버지에게 금덩이를 주고 혹을 떼어 갔던 것입니다. 하지만 혹에서 노래가 나오는 게 아니란 걸 알고 이 혹은 필요 없다고 말한 것입니다.

**3** 도깨비들이 ㉠처럼 말한 까닭은 무엇일까요? 빈칸에 들어갈 알맞은 말을 쓰세요.

혹에서 **노 래** 이/가 나오는 게 아니라는 걸 알게 되었기 때문

입니다.

## 이야기카드

# 카드에서 노래가 나와요

잘 듣고 따라 읽어 보세요.

"사랑하는 똘이야, 생일 축하해!"

엄마가 케이크와 함께 예쁜 카드를 주셨어요.

그런데 카드를 펴 보다 깜짝 놀랐어요.

카드에서 노래가 흘러나왔거든요.

"생일 축하합니다~~♬♪ 생일 축하합니다~~ ~~♬♪~~"

똘이는 신기한 카드 때문에 기분이 너무 좋았어요.

**1** 똘이가 생일 카드를 펴 보다 깜짝 놀란 까닭으로 알맞은 것에 ○표 하세요.

(1) 생일 카드에서 생일 축하 노래가 흘러나와서 ( ○ )
(2) 생일 카드에 맛있는 케이크 그림이 그려져 있어서 ( )

해설 ▶ 똘이는 카드를 펼치면 카드에서 노래가 나오는 신기한 카드를 선물로 받았습니다.

 **말하기 2** 생일 선물을 받은 똘이가 엄마에게 뭐라고 했을까요? 자유롭게 말해 보세요.

 엄마, 제가 좋아하는 케이크를 사 주셔서 정말 감사해요. 맛있게 먹을게요.

 예 엄마, 신기한 카드를 선물해 주셔서 감사해요. 마음에 쏙 들어요.

해설 ▶ 똘이는 생일 선물로 맛있는 케이크와 신기한 카드를 받았습니다. 그러므로 엄마에게 감사하는 마음이 들었을 것입니다.

---

# 어휘야 놀자~

흐리게 쓴 글자는 따라 쓰세요.

**어휘 살찌우기** 쓰임이 비슷한 낱말을 따라 써 봅니다.

욕심이 많은 사람을 욕심쟁이, 욕심꾸러기라고 해.

| 욕 | 심 | 쟁 | 이 |
|---|---|---|---|

| 욕 | 심 | 꾸 | 러 | 기 |
|---|---|---|---|---|

문제를 많이 일으키는 사람을 말썽쟁이, 말썽꾸러기라고 해.

| 말 | 썽 | 쟁 | 이 |
|---|---|---|---|

| 말 | 썽 | 꾸 | 러 | 기 |
|---|---|---|---|---|

장난이 심한 아이를 개구쟁이, 장난꾸러기라고 해.

| 개 | 구 | 쟁 | 이 |
|---|---|---|---|

| 장 | 난 | 꾸 | 러 | 기 |
|---|---|---|---|---|

## ? 알고 있니? 도깨비방망이는 요술 방망이!

우리나라 옛날이야기에는 도깨비가 자주 나옵니다.

이 도깨비가 가지고 다닌다는 방망이를 도깨비방망이라고 하는데요.

이야기 속에서 도깨비방망이는 무엇이든 소원을 말하면

이루어지게 하는 요술 방망이에요.

"돈 나와라 뚝딱!" 하면 돈이 나오고,

"밥 나와라 뚝딱!" 하면 밥이 나온대요.

신기한 도깨비방망이가 실제로 있다면 얼마나 좋을까요?

우리도 한번 소원을 말해 볼까요?

ERI지수
111 예체능활동

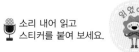
소리 내어 읽고
스티커를 붙여 보세요.

잘 듣고 따라
읽어 보세요.

# 내 친구 꼬마 눈사람

밤사이 ㉠눈이 내렸어요.

온 세상이 모두 하얗게 변했네요.
눈이 온 후의 모습

신이 난 아이들이 눈 위에 발자국을 만들어요.
발로 밟은 자리에 남은 모양

떼굴떼굴 눈을 굴리며 눈사람도 만드네요.
물건이 계속 굴러가는 모양

나뭇가지를 꺾어 손을 만들고

작은 돌을 주워서 ㉡눈을 만들었어요.

아하! 코는 당근으로 만들었네요.

입은 빨간 고추로 만들었고요.

오늘부터 꼬마 눈사람도 친구가 되었어요.

## 글의 내용 이해하기

**1** 이 글의 내용으로 알맞은 것에 모두 ○표 하세요.

(1) 아이들은 눈사람을 만들었습니다. ( ○ )
(2) 눈이 와서 아이들은 신이 났습니다. ( ○ )
(3) 아이들은 눈을 굴려 눈싸움을 하였습니다. ( )

해설 밤사이 눈이 내려 신이 난 아이들은 눈 위에 발자국을 내고, 눈을 굴려 눈사람을 만들며 놀고 있습니다.

## 낱말 뜻 이해하기

**2** ㉠의 '눈'과 ㉡의 '눈'이 뜻하는 그림을 찾아 알맞게 줄(–)로 이으세요.

(1) ㉠ 눈 •

(2) ㉡ 눈 •

해설 같은 글자라도 그 뜻이 다른 낱말입니다. ㉠의 '눈'은 겨울철 하늘에서 내리는 '눈'을 뜻하고, ㉡의 '눈'은 얼굴에 있는 '눈'을 뜻합니다.

## 글의 내용 적용하기

해설 눈 위에 찍힌 발자국은 아이들이 뛰어다니면서 만들어진 것입니다. 아이들은 눈을 굴려 눈사람을 만들고 오늘부터 꼬마 눈사람도 친구가 되었다고 하였습니다.

**3** 다음 빈칸에 들어갈 알맞은 말을 이 글에서 찾아 쓰세요.

(1) 아이들은 신나게 눈 위를 뛰어다녔어요. 그러자 아이들이 만든

| 발 | 자 | 국 |

이/가 따라가네요.

(2) 아이들은 자기들이 만든 꼬마

| 눈 | 사 | 람 |

을/를 친구라

고 생각했어요.

## 이야기카드

### 추워도 좋아요

잘 듣고 따라 읽어 보세요.

친구들이 함께 놀자고 해요.

그런데 겨울은 너무 추워요.

그래서 두꺼운 옷을 입고 털모자를 썼어요.

털장갑도 끼고 목도리도 했어요.

친구들도 나도 모두 뚱뚱이 아기 곰이 되었네요.

그래도 좋아요. 우리는 신나게 놀았거든요.

**1** 추운 겨울에 필요한 것을 모두 찾아 ○표 하세요.

(1) 　(2) 　(3) 　(4)

(　　　)　(　○　)　(　○　)　(　○　)

해설 ▶ 목도리, 털장갑, 두꺼운 옷(외투)은 모두 겨울철에 필요한 것들입니다.

**말하기 2** 겨울은 너무 춥지만 그래도 겨울이 좋은 까닭은 무엇인지 여러분의 생각을 자유롭게 말해 보세요.

눈이 오면 친구들과 눈싸움을 할 수 있어서 좋아요.

예 ▶ 눈이 오면 눈썰매도 타고, 얼음 위에서 썰매도 탈 수 있어서 좋아요.

해설 ▶ 겨울철에는 날씨는 춥지만 눈도 많이 오고, 얼음도 얼어서 밖에서 할 수 있는 놀이가 많습니다.

---

## 어휘야 놀자~

흐리게 쓴 글자는 따라 쓰세요.

**어휘 살찌우기**

'눈'과 관련 있는 낱말을 알아보고 따라 써 봅니다.

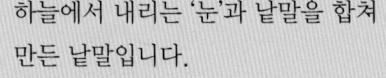

하늘에서 내리는 '눈'과 낱말을 합쳐 만든 낱말입니다.

| 눈 | 꽃 |　| 눈 | 싸 | 움 |　| 눈 | 썰 | 매 |

얼굴에 있는 '눈'과 낱말을 합쳐 만든 낱말입니다.

| 눈 | 물 |　| 눈 | 병 |　| 눈 | 웃 | 음 |

### 알고 있니? 　2단 눈사람, 3단 눈사람 누가 더 귀여울까요?

눈으로 만든 눈사람은 보기만 해도 귀엽지요?

우리는 눈사람을 만들 때 먼저 동그랗게 두 개의 눈덩이를 만들지요.

그리고 작은 눈덩이를 위에, 큰 눈덩이를 아래에 둡니다.

위는 머리, 아래는 몸이 되는 거지요.

그런데 어떤 나라에서는 눈사람을 만들 때

세 개의 눈덩이로 만들기도 해요.

눈사람에게 다리도 만들어 주고 싶었나 봐요.

닮은 거 같으면서 다른 눈사람,

둘 다 예쁘고 귀엽지요?

소리 내어 읽고
스티커를 붙여 보세요.

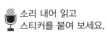 읽었어요

 잘 듣고 따라
읽어 보세요.

# 똑같아요

우리 동네에는 붕어빵 가게가 있어요.

붕어빵 속에는 달콤한 팥이 들어 있어요.
입에 맞게 맛있게 단맛이 나는

그런데 붕어빵은 모두 똑같은 모양을 하고 있어요.

'붕어빵처럼 모양이 똑같은 것을 찾아볼까?'

식탁 위에 젓가락 두 짝도 똑같아요.
음식을 차려 놓고 앉아서 먹도록 만든 탁자

따뜻한 장갑 두 짝도 똑같아요.

양말 두 짝도 똑같아요.

내 동생 두 명도 똑같아요.

"헤헤, 쌍둥이거든요."

---

### 글의 내용 이해하기

**1** 이 글의 내용으로 알맞은 것에 모두 ○표 하세요.

(1) 우리 동네에는 장난감 가게가 있습니다. ( )
(2) 붕어빵은 모두 모양이 똑같습니다. ( ○ )
(3) 내 동생 두 명은 쌍둥이입니다. ( ○ )

해설 우리 동네에는 붕어빵을 파는 가게가 있습니다. 그리고 쌍둥이 동생 두 명이 똑같이 생겼습니다.

### 글의 내용 적용하기

**2** 붕어빵처럼 똑같이 생긴 것에는 무엇이 있다고 했는지 이 글에서 찾아 쓰세요.

 젓가락  장갑

 쌍둥이  양말

해설 젓가락, 장갑, 양말은 두 짝이 똑같다고 했습니다. 그리고 쌍둥이 동생 두 명도 똑같다고 했습니다.

### 내용 이해하고 활동하기

**3** 두 개의 그림은 무엇이 다를까요? 다른 곳을 찾아 ○표 하세요. (다른 곳은 5군데입니다.)

해설 두 개의 그림을 비교하고, 다른 부분을 찾아 동그라미를 합니다.

## 이야기카드

### 욕심 많은 강아지

잘 듣고 따라
읽어 보세요.

고기를 물고 가던 강아지가 있었어요.

강아지는 시냇물에 놓인 다리를 건너다가 아래를 보았어요.

시냇물에는 고기를 물고 쳐다보는 강아지가 있었어요.

"그 고기 나 줘!"

그러다 물고 있던 고기를 떨어뜨렸어요.

물속의 강아지도 고기를 떨어뜨렸어요.

물속의 강아지는 물에 비친 자기였던 거예요.

**1** 욕심 많은 강아지에게 일어난 일에 ○표 하세요.

(1) 물에 비친 강아지와 놀고 싶었습니다.　　　　( 　　 )

(2) 입에 물고 있던 고기를 떨어뜨렸습니다.　　　　( 　○　 )

> 해설 ) 욕심 많은 강아지는 물에 비친 강아지가 물고 있는 고기가 갖고 싶었습니다. 그래서 고기를 달라고 말하다가 물고 있던 고기를 떨어뜨렸습니다.

**2** 거울에 비춰지는 동물들의 앞모습은 어떻게 생겼을지 스티커에서 찾아
스티커  붙여 보세요.

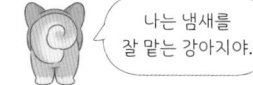

나는 긴 코를 가진
코끼리야.

나는 냄새를
잘 맡는 강아지야.

> 해설 ) 거울은 모든 물건이나 사람의 모습을 똑같이 보여 줍니다. 거울을 보고 있는 동물들의 뒷모습을 보고, 누가 거울을 보고 있는지 앞모습을 찾아봅니다.

---

## 어휘야 놀자~

흐리게 쓴 글자는 따라 쓰세요.

**어휘
살찌우기**

'똑같다'와 '닮았다'의 뜻을 정확히 알고 따라 써 봅니다.

두 마리의 곰 인형이 똑같
이 생겼어요.

| 똑 | 같 | 아 | 요 |
|---|---|---|---|

해바라기 꽃은 하늘에 떠
있는 해를 닮았어요.

| 닮 | 았 | 어 | 요 |
|---|---|---|---|

### 알고 있니?　　모양을 본떠서 만든 글자

얘들아, 할아버지가
재미있는 한자 가르쳐 줄게.

허허

한자요?

木　山　火

가르쳐 주세요.

무슨 그림인지
맞혀 보렴.

에이, 할아버지도.
이건 산이잖아요.

이건 나무고,
이건 불이에요.

모두 잘 맞혔어.
그럼, 그림과 글자를 잘 보렴.

山　木　火

그림하고 글자가
닮았어요.

어, 정말 닮았네.

한자는 이렇게
모양을 본떠서
만든 것들이 있단다.

할아버지,
한자가 어렵지 않고
재미있어요.

山
산 산

木
나무 목

火
불 화

소리 내어 읽고 스티커를 붙여 보세요.

잘 듣고 따라 읽어 보세요.

# 세상이 변하고 있어요

엄마와 텔레비전을 보다가 깜짝 놀랐어요.

로봇이 손님에게 물건을 파는 거예요!

그리고 손님에게 음식도 가져다주고요.

그리고 더 놀라운 거는 뭔지 아세요?

텔레비전에 나오는 예쁜 언니가 사실은 사람이 아니래요.

실제로는 없고, 사람처럼 만들어진 언니래요.
있는 사실이나 현실 그대로, 또는 나타나거나 있는 것

앞으로는 로봇이 우리와 함께 사는 세상이 올 거래요.

그건 어떤 세상일까요? 멋진 세상일까요? 정말 궁금해요.

---

글의 내용 이해하기

**1** 이 글의 내용으로 알맞은 것에 모두 ○표 하세요.

(1) 아빠와 둘이서 텔레비전을 보았습니다. ( )

(2) 텔레비전에서 로봇이 물건을 파는 것을 보았습니다. ( ○ )

(3) 앞으로는 로봇과 함께 사는 세상이 올 거라고 합니다. ( ○ )

해설▶ 엄마와 텔레비전을 보다가 텔레비전에 나온 로봇을 보면서 멀지 않은 미래의 모습을 궁금해하고 있습니다.

세부 내용 이해하기

**2** 이 글에서 로봇이 사람 대신 어떤 일들을 한다고 했는지 맞는 것에 모두 ○표 하세요.

물건 팔기　　　　음식 가져다주기　　　　요리하기
( ○ )　　　　　( ○ )　　　　　　( )

해설▶ 이 글에서는 사람 대신 물건을 파는 로봇, 손님에게 음식을 가져다주는 로봇에 대해 이야기하고 있습니다. 요리하는 로봇, 청소하는 로봇도 있지만 이 글에서는 그에 대한 이야기는 없습니다.

내용 이해하고 활동하기　　해설▶ 텔레비전 등에서 요즘 많이 보는 '로지'는 실제로 있는 사람은 아닙니다. 하지만 사람과 구분하기 쉽지 않습니다.

**3** 빈칸에 들어갈 알맞은 말을 이 글에서 찾아 쓰세요.

내 이름은 로지야. 나를 본 적 있니? 나는 컴퓨터로 만들어졌어.

로지는 실제로 있는 **사 람** 은/는 아닙니다.

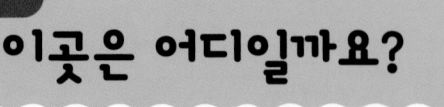

## 이야기카드

### 이곳은 어디일까요?

잘 듣고 따라 읽어 보세요.

실제로 있는 곳은 아니에요.

그런데 실제로 있는 것처럼 보이는 곳이에요.

이런 곳을 좀 어려운 말로 가상 공간이라고 해요.
<sub>컴퓨터가 만들어 낸 공간</sub>

가상 공간에서는 친구도 만날 수 있어요.

저는 동물들이 사는 가상 공간을 만들고 싶어요.

그래서 친구들이 그곳으로 놀러 오게 하고 싶거든요.

**1** 가상 공간에 대한 설명으로 알맞은 것에 ○표 하세요.

(1) 가상 공간은 실제로 있는 곳입니다. ( )
(2) 가상 공간에서는 친구도 만날 수 있습니다. ( ○ )

해설 컴퓨터가 만들어 낸 공간이지만 그곳에서는 친구도 만날 수 있다고 하였습니다.

**말하기 2** 내가 만들어 보고 싶은 가상 공간은 어떤 공간인지 말해 보세요.

 친구들과 신나게 놀 수 있는 놀이동산을 만들어 보고 싶어요.

 예 예쁜 옷을 만들고 마음껏 입어 볼 수 있는 가게를 만들고 싶어요.

 해설 자기가 만들어 보고 싶은 가상 공간에 대해 말해 봅니다. 어떤 특징이 있는 공간인지, 왜 만들고 싶은지 생각해 봅니다.

---

## 어휘야 놀자~

흐리게 쓴 글자는 따라 쓰세요.

**어휘 살찌우기**

'로봇'이나 '텔레비전'처럼 우리가 자주 쓰는 외래어를 따라 써 봅니다.

 쿠 키

 초 콜 릿

 주 스

 원 피 스

 소 파

 테 이 블

### 알고 있니? 진짜 세상이 아니에요

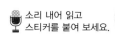 소리 내어 읽고
스티커를 붙여 보세요.

읽었어요!

잘 듣고 따라
읽어 보세요.

# 비 오는 날

비가 내려요. 언니와 나는 밖으로 나갔어요.
비가 와요

노란 우산을 쓰고, 장화도 신었어요.

우산 위로 비가 떨어져요.

떨어지는 빗소리는 노래 같아요.

땅 위에는 지렁이가 기어 다녀요.
지렁이는 다리가 없어서 기어 다닙니다

흙 속에 사는 지렁이는, 비가 오면 어디선가 나타나요.
땅속에서 밖으로 나와요

비가 오면 땅속이 물로 가득 차요.

그래서 숨을 쉬기 위해 땅 위로 나오는 거래요.

---

글의 내용  이해하기

**1** 이 글의 내용으로 알맞은 것에 모두 ○표 하세요.

(1) 나는 노란 우산을 썼습니다.　　　　　　　　( ○ )

(2) 지렁이는 흙 속에 살고, 기어 다닙니다.　　　( ○ )

(3) 비가 오면 지렁이는 땅속으로 들어갑니다.　( 　 )

해설 지렁이는 비가 오면 땅속에 물이 차서 숨을 쉬지 못합니다. 그래서 비가 오면 땅 위로 올라옵니다.

글의 내용  적용하기

**2** 다음을 보면 이 글의 '나'는 여자일까요? 남자일까요? 알맞은 것에 ○표 하세요.

언니와 나는 밖으로 나갔어요.

( ○ )　　　　　　　( 　 )

해설 이 글의 '나'는 여자라서 언니라고 부릅니다. '나'가 남자라면 누나라고 부릅니다.

내용 이해하고  활동하기

해설 지렁이는 축축한 땅에 굴을 파고 살고 있습니다. 그런데 굴속에 똥을 누면 길이 막히거나 밖의 공기가 들어오지 않아 숨쉬기가 힘들어요. 그래서 지렁이는 땅 위에 똥을 눕니다.

**3** 지렁이가 굴속에 똥을 누면 길이 막혀서 다니기 힘들어요. 똥이 마려운 지렁이가 똥을 누러 나갈 길을 찾아 주세요.

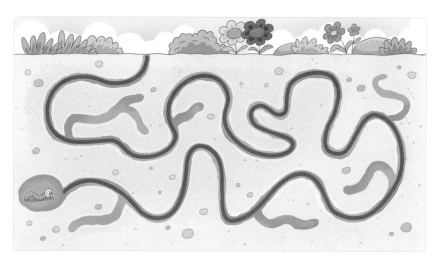

---

P단계 4주차 5회　**43**　정답과 해설

## 이야기카드

잘 듣고 따라 읽어 보세요.

# 내 친구, 천둥과 번개

안녕, 나는 구름이 데려온 비야.

그런데 구름끼리 꽝 부딪히면 내 친구들이 나타나.

우르르 쾅쾅! 소리를 내는 건 내 친구, 천둥.

번쩍번쩍! 빛이 나는 건 내 친구, 번개.

천둥과 번개는 나를 좋아해.

**1** 다음 빈칸에 들어갈 알맞은 말을 쓰세요.

구름끼리 부딪히면 비의 친구 번개와 | 천 | 둥 | 이/가 나타납니다.

해설 비 오는 날 구름끼리 부딪히면 번쩍 빛이 나는 번개와 우르르 쾅쾅 소리가 나는 천둥이 나타난다고 했습니다.

**말하기 2** 나의 친한 친구에 대해 말해 보세요.

내 친구는 강아지예요. 꼬리를 흔들며 나와 잘 놀아 줘요.

예 동이는 옆집에 사는 친구예요. 노래도 잘하고 힘도 세요.

해설 자기의 친구나 자기가 키우는 동물에 대해 말해 봅니다. 특별한 점이나 좋아하는 이유 등을 생각해 봅니다.

---

## 어휘야 놀자~

흐리게 쓴 글자는 따라 쓰세요.

어휘 살찌우기

하늘에서 내리는 '비'의 변신을 알아보고 따라 써 봅니다.

겨울에 나는 눈이 되어 내려와.

높은 곳에서 찬 공기와 만나면 나는 비가 되어 내려와.

나는 내려오다가 찬 공기와 만나면 우박이 되어 내려와.

눈 | 비 | 우 박

## 알고 있니? 지렁이는 알에서 나와요

쌀알 크기만 한 이건 뭐예요?

이건 지렁이 알이란다.

아들아, 이리 와 봐. 알에서 지렁이가 나오고 있지?

와, 신기해요.

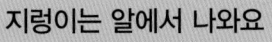 

지렁이들은 축축한 땅에 굴을 파고 살아.

항문

지렁이는 어디가 머리예요?

입

잘 보렴. 여기가 입이고, 여기가 똥을 누는 곳이야.

지렁이는 열심히 땅속을 파고 다니지. 그래서 지렁이가 사는 땅은 폭신폭신하고 영양분이 많단다.

그래서 식물들이 잘 자라는군요. 지렁이야, 고마워.

맞는 글자 찾기   들려주는 낱말을 잘 듣고 바르게 쓴 낱말을 찾아 ○표 하세요.

1. 김밥 ( ○ )    김빱 ( )

2. 개구리 ( ○ )    게구리 ( )

3. 다람지 ( )    다람쥐 ( ○ )

4. 물노리 ( )    물놀이 ( ○ )

5. 숨바꼭질 ( ○ )    숨박꼭찔 ( )

6. 게나리꽃 ( )    개나리꽃 ( ○ )

글자 완성하기   들려주는 낱말을 잘 듣고 글자를 완성해 보세요.

1. 뒤    2. 벚꽃

3. 참외    4. 과일

5. 고개    6. 셋넷

7. 햇빛    8. 맛있는

9. 달그락    10. 뜨거운

낱말 받아쓰기   들려주는 낱말을 잘 듣고 받아쓰세요.

1. 봄    2. 꿀벌

3. 포도    4. 점심

5. 장화    6. 바다

7. 홀수    8. 짝수

9. 가족    10. 고양이

## P단계 2주차 받아쓰기 정답

맞는 글자 찾기 | 들려주는 낱말을 잘 듣고 바르게 쓴 낱말을 찾아 ○표 하세요.

1.
| 가슴 | 가슴 |
|---|---|
| ( ○ ) | ( ) |

2.
| 하픔 | 하품 |
|---|---|
| ( ) | ( ○ ) |

3.
| 벽똘 | 벽돌 |
|---|---|
| ( ) | ( ○ ) |

4.
| 기지개 | 기지게 |
|---|---|
| ( ○ ) | ( ) |

5.
| 사냥꾼 | 사냥군 |
|---|---|
| ( ○ ) | ( ) |

6.
| 삼형제 | 삼형재 |
|---|---|
| ( ○ ) | ( ) |

글자 완성하기 | 들려주는 낱말을 잘 듣고 글자를 완성해 보세요.

1. 숲
2. 대답
3. 어제
4. 밧줄
5. 앞발
6. 돼지
7. 첫째
8. 늑대
9. 나뭇잎
10. 무섭다

낱말 받아쓰기 | 들려주는 낱말을 잘 듣고 받아쓰세요.

1. 뱀
2. 수영
3. 개미
4. 기분
5. 꼬리
6. 생각
7. 코끼리
8. 통나무
9. 물장구
10. 비둘기

맞는 글자 찾기　들려주는 낱말을 잘 듣고 바르게 쓴 낱말을 찾아 ○표 하세요.

1.
| 글씨 | 글시 |
|---|---|
| ( ○ ) | ( ) |

2.
| 옛날 | 옌날 |
|---|---|
| ( ○ ) | ( ) |

3.
| 바퀴 | 박퀴 |
|---|---|
| ( ○ ) | ( ) |

4.
| 는물 | 눈물 |
|---|---|
| ( ) | ( ○ ) |

5.
| 태극기 | 태국기 |
|---|---|
| ( ○ ) | ( ) |

6.
| 노리터 | 놀이터 |
|---|---|
| ( ) | ( ○ ) |

글자 완성하기　들려주는 낱말을 잘 듣고 글자를 완성해 보세요.

1. 옷
2. 그림
3. 놀이
4. 동네
5. 같이
6. 제일
7. 지우개
8. 가운데
9. 시냇물
10. 노랗게

낱말 받아쓰기　들려주는 낱말을 잘 듣고 받아쓰세요.

1. 책
2. 요정
3. 분수
4. 소풍
5. 깃발
6. 연필
7. 가방
8. 무궁화
9. 물고기
10. 징검다리

## P단계 4주차 받아쓰기 정답

### 맞는 글자 찾기 — 들려주는 낱말을 잘 듣고 바르게 쓴 낱말을 찾아 ○표 하세요.

1. 가개 ( ) — 가게 ( ○ )

2. 마을 ( ○ ) — 마울 ( )

3. 새상 ( ) — 세상 ( ○ )

4. 발가락 ( ○ ) — 발까락 ( )

5. 젓가락 ( ○ ) — 저까락 ( )

6. 도께비 ( ) — 도깨비 ( ○ )

### 글자 완성하기 — 들려주는 낱말을 잘 듣고 글자를 완성해 보세요.

1. 혹
2. 노 래
3. 이 웃
4. 함 께
5. 로 봇
6. 장 갑
7. 장 화
8. 음 식
9. 붕 어 빵
10. 텔 레 비 전

### 낱말 받아쓰기 — 들려주는 낱말을 잘 듣고 받아쓰세요.

1. 친 구
2. 얼 굴
3. 물 건
4. 고 추
5. 우 산
6. 손 님
7. 양 말
8. 눈 사 람
9. 지 렁 이
10. 쌍 둥 이

초등

# ERI 독해가 문해력 이!다

정답과 해설

# 나의 문해력을 키워요!

## ERI 독해가 문해력이다 P단계

---

### 1회 분수 안에 요정이 있을까?

**학습 체크 리스트**

○나 X 스티커를 붙이세요

- 학습 계획일에 맞춰 꾸준히 문해력을 향상시켰나요?
- 글을 잘 듣고 소리 내어 읽어 보았나요?
- 주어진 문제는 이해하고 잘 풀었나요?

스스로 칭찬하는 말 한마디를 써 보세요.

---

### 2회 누가 파란 구슬을 찾아올까?

**학습 체크 리스트**

○나 X 스티커를 붙이세요

- 학습 계획일에 맞춰 꾸준히 문해력을 향상시켰나요?
- 글을 잘 듣고 소리 내어 읽어 보았나요?
- 주어진 문제는 이해하고 잘 풀었나요?

스스로 칭찬하는 말 한마디를 써 보세요.

---

### 3회 소풍 가는 길

**학습 체크 리스트**

○나 X 스티커를 붙이세요

- 학습 계획일에 맞춰 꾸준히 문해력을 향상시켰나요?
- 글을 잘 듣고 소리 내어 읽어 보았나요?
- 주어진 문제는 이해하고 잘 풀었나요?

스스로 칭찬하는 말 한마디를 써 보세요.

---

### 4회 이런 물건이 있다면?

**학습 체크 리스트**

○나 X 스티커를 붙이세요

- 학습 계획일에 맞춰 꾸준히 문해력을 향상시켰나요?
- 글을 잘 듣고 소리 내어 읽어 보았나요?
- 주어진 문제는 이해하고 잘 풀었나요?

스스로 칭찬하는 말 한마디를 써 보세요.

---

### 5회 우리나라

- 학습 계획일에 맞춰 꾸준히 문해력을 향상시켰나요?
- 글을 잘 듣고 소리 내어 읽어 보았나요?
- 주어진 문제는 이해하고 잘 풀었나요?

스스로 칭찬하는 말 한마디를 써 보세요.

# 4주차

# 나의 문해력을 키워요!

## 1회 혹에서 노래가 나온다고?

**학습 체크 리스트**
- 학습 계획일에 맞춰 꾸준히 문해력을 향상시켰나요?
- 글을 잘 듣고 소리 내어 읽어 보았나요?
- 주어진 문제는 이해하고 잘 풀었나요?

● 나 ✕ 스티커를 붙이세요

스스로 칭찬하는 말 한마디를 써 보세요.

## 2회 내 친구 꼬마 눈사람

**학습 체크 리스트**
- 학습 계획일에 맞춰 꾸준히 문해력을 향상시켰나요?
- 글을 잘 듣고 소리 내어 읽어 보았나요?
- 주어진 문제는 이해하고 잘 풀었나요?

● 나 ✕ 스티커를 붙이세요

스스로 칭찬하는 말 한마디를 써 보세요.

## 3회 똑같아요

**학습 체크 리스트**
- 학습 계획일에 맞춰 꾸준히 문해력을 향상시켰나요?
- 글을 잘 듣고 소리 내어 읽어 보았나요?
- 주어진 문제는 이해하고 잘 풀었나요?

● 나 ✕ 스티커를 붙이세요

스스로 칭찬하는 말 한마디를 써 보세요.

## 4회 세상이 변하고 있어요

**학습 체크 리스트**
- 학습 계획일에 맞춰 꾸준히 문해력을 향상시켰나요?
- 글을 잘 듣고 소리 내어 읽어 보았나요?
- 주어진 문제는 이해하고 잘 풀었나요?

● 나 ✕ 스티커를 붙이세요

스스로 칭찬하는 말 한마디를 써 보세요.

## 5회 비 오는 날

- 학습 계획일에 맞춰 꾸준히 문해력을 향상시켰나요?
- 글을 잘 듣고 소리 내어 읽어 보았나요?
- 주어진 문제는 이해하고 잘 풀었나요?

● 나 ✕ 스티커를 붙이세요

✿ 12~13쪽에 붙이세요.

✿ 18~19쪽에 붙이세요.

✿ 24~25쪽에 붙이세요.

✿ 30~31쪽에 붙이세요.

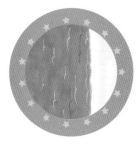

✿ 36~37쪽에 붙이세요.

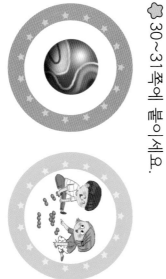

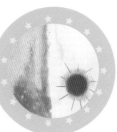

✿ 14쪽에 붙이세요.

✿ 20쪽에 붙이세요.

✿ 26쪽에 붙이세요.

✿ 32쪽에 붙이세요.

✿ 38쪽에 붙이세요.

# 2주차 붙임딱지

☆ 44~45쪽에 붙이세요.

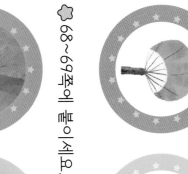

☆ 50~51쪽에 붙이세요.

☆ 56~57쪽에 붙이세요.

☆ 62~63쪽에 붙이세요.

☆ 68~69쪽에 붙이세요.

☆ 46쪽에 붙이세요.

☆ 52쪽에 붙이세요.

☆ 58쪽에 붙이세요.

☆ 64쪽에 붙이세요.

☆ 70쪽에 붙이세요.

☆ 76~77쪽에 붙이세요.

☆ 82~83쪽에 붙이세요.

☆ 88~89쪽에 붙이세요.

☆ 94~95쪽에 붙이세요.

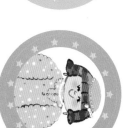

☆ 100~101쪽에 붙이세요.

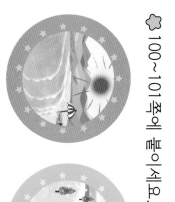

☆ 78쪽에 붙이세요.

☆ 84쪽에 붙이세요.

☆ 90쪽에 붙이세요.

☆ 96쪽에 붙이세요.

☆ 102쪽에 붙이세요.

☆ 108~109쪽에 붙이세요.

☆ 114~115쪽에 붙이세요.

☆ 120~121쪽에 붙이세요.

☆ 126~127쪽에 붙이세요.

☆ 132~133쪽에 붙이세요.

☆ 110쪽에 붙이세요.

☆ 116쪽에 붙이세요.

☆ 122쪽에 붙이세요.

☆ 128쪽에 붙이세요.

☆ 134쪽에 붙이세요.

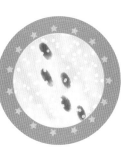
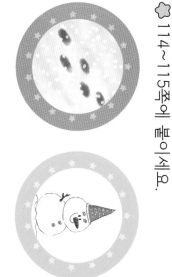

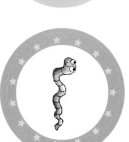

# 1~4주차 붙임딱지

### 1주차

🌸15쪽에 붙이세요.    🌸21쪽에 붙이세요.        🌸40쪽에 붙이세요.

### 2주차

🌸48쪽에 붙이세요.                    🌸59쪽에 붙이세요.

🌸65쪽에 붙이세요.

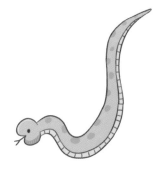

### 3주차

🌸80쪽에 붙이세요.    🌸97쪽에 붙이세요.

### 4주차

🌸124쪽에 붙이세요.

✿ 138쪽 확인증에 붙이세요.

참
잘했어요.

✿ 나의 문해력을 키워요! 학습 체크 리스트에 붙여요.